科学传播局科学教育工作联盟

科学传播局科学教育工作联盟
科学教育理念创新与实践

# 育未来科学人

CULTIVATING FUTURE SCIENTISTS

编著 本书由中国科学院科学传播局资助出版

{理论篇}

科学出版社
北京

## 内 容 简 介

本书从国内外科学教育现状及对比分析、中国科学院科学教育发展现状及特色、科学教育发展探索与启示三个方面，总结了科学传播局科学教育工作联盟几年来在科学教育实践方面取得的成果，客观反映中国科学教育的现状、面临的瓶颈，以及描绘了科学教育未来的发展路线。我们相信，随着科学教育实践和理论研究的深入，大家会对如何做好科学教育有更清晰、更全面的认识，也能吸引更多科研、教育和社会资源投入到科学教育领域之中。

---

**图书在版编目(CIP)数据**

育未来科学人：科学传播局科学教育工作联盟科学教育理念创新与实践. 理论篇 / 科学传播局科学教育工作联盟编著. — 北京：科学出版社，2021.12

ISBN 978-7-03-071179-3

Ⅰ. ①育… Ⅱ. ①科… Ⅲ. ①科学教育学 – 研究 Ⅳ. ①G40-05

中国版本图书馆 CIP 数据核字 (2021) 第 270921 号

责任编辑：张 婷 / 责任校对：申晓焕
责任印制：师艳茹 / 封面设计：赵宏扬

编辑部电话：010-64003096
E-mail: zhangting@mail.sciencep.com

**科学出版社 出版**
北京东黄城根北街 16 号
邮政编码：100717
http://www.sciencep.com

**天津市新科印刷有限公司** 印刷
科学出版社发行 各地新华书店经销
\*
2021 年 12 月第 一 版 开本：720×1000 1/16
2021 年 12 月第一次印刷 印张：15
字数：180 000

**定价：68.00 元**
（如有印装质量问题，我社负责调换）

## 编委会

顾　问：林　群　刘嘉麒　郭传杰

主　编：武向平

副主编：周德进

编　委：徐雁龙　马　强　胡　吉　周　辉
　　　　陈　朴　李碧莹　牛菲菲

序 1

# 再谈科学教育的作用

林 群 数学家、中国科学院院士

张景中院士在《数学家的眼光》一书中写道:"数学问题成千上万,无穷无尽;但数学家生命有限,以有限的生命面对无穷的问题,必须选择,也只有选择。那么,选择什么样的问题来研究呢?很显然,应当选择好的问题,有价值的问题来做。"李邦河院士讲过一个故事:有个称油匠天天称油,称得非常准,还有一个射箭手天天射箭,射得非常准,后来后者成了将军,前者还是称油匠。前者不服说:"你天天射箭,当然射得非常准。我天天称油,也非常准。为什么你能当将军,而我还是称油匠呢?"由此可见,做事要分主次,在能做的事中挑重要的做,在重要的事中挑能做的做。

以数学普及为例,中小学的数学当然最重要,华罗庚在 1975 年录制的视频中,曾对中小学数学教育做过总结,非常大胆,但他还没有讲到大学数学就病了。哈佛大学数学系教授丘成桐告诫大学生:"要学好微积分和线性代数,归根结底一切高级的数学都是微积分和线性代数的各种变化。"

我们现在经常说科学普及，具体到中小学学生的科学普及和科学教育上，更多的是让学生被动学习科学知识的一种方式，但是当通过这种方式培养起孩子对科学的兴趣时，会出现孩子主动学习科学知识的情况。这就是我们经常讲的科普的功能。这也是我们经常在探讨的一个问题：科普到底应该具有什么样的功能？正如我们很多科学家都在倡议的：科普除了介绍科技知识和推广科学技术之外，更重要的是倡导科学方法、传播科学思想、弘扬科学精神。

科学方法从本质上讲就是认识世界、改造世界的方法。我国的大教育家陶行知认为：进行科学教育，不仅要使学生掌握现代科学文化知识，还要使他们懂得和采用科学实验的方法——这些方法仿若可以点石成金的指头。人的一生会遇到很多困难，到处都充满疑问，能够用来克服困难、解决问题的，唯有科学的头脑和科学的方法。他曾说："与其把学生当天津鸭儿填入一些零碎知识，不如给他们几把钥匙，使他们可以自动去开发文化的金库和宇宙之宝藏。"所以，授人以鱼，不如授人以渔，学会获取的本领和方法高于赠予本身。

我再讲一些例子：改革开放后，我国恢复了奥赛，华罗庚先生做主席，我们加入了华先生领导的这个委员会。当时华先生给中学生出的题，都是取自一辈子要用的问题。华先生说："我出的题在以后的大学、工作中都会有用处，不是就这个题来考学生。"当时很多教师都说这不行，这些题太容易了，考不出学生的水平。华先生说："你们出的难题怪题，学生只是在考试时遇到一次，终身都用不上，这对学生成长是没有好处的。出个极端题，像谜语一样，谁也做不出来，但有什么意义呢？"华先生还举了陈景润等人的例子，说：如果你当面问他们问题，他们可能答不出来，因为他们没做竞赛题，但是最后他们给出的答案比别人都深刻，而做数学竞赛的人，当场可以答出来，有意义，但是意义不算太大。

数学太难了，所以我们经常思考如何能更轻松地学习数学。现在微积分教科书最大的问题是：教科书把简单的知识讲得太复杂。你随便翻开一本教科书，讲解微积分要好几百页，会让人看得晕头转向，讲的内容太多了。所以我们要把微积分学好，不是读万卷书，不是走万里路，而是"少则多"。

学习知识，如微积分，只要选个别案例学好，就可能把整个微积分的精神掌握了。学习微积分用什么案例呢？应该用我们平常生活里经常见到、经常用到的案例。

我也给大家讲讲我高中母校——福州第一中学的数学教师的教学方法。他每堂课只用一半时间讲一个公式，另一半时间讲这个公式背后的故事，给我们的印象非常深。一年下来，不一定学很多公式，但却一辈子记住了。这就是"少则多"。希望我们能以微小的力量，为行路人点亮一盏前行的路灯。

序 2

# 科学教育之我谈：为国家培养有用人才

刘嘉麒 地质学家、中国科学院院士

竺可桢先生说："大学教育之目的，在于养成一国之领导人材，一方提倡人格教育，一方研讨专门智识，而尤重于锻炼人之思想，使之正大精确，独立不阿，遇事不为习俗所囿，不崇拜偶像，不盲从潮流，惟其能运用一己之思想，此所以曾受真正大学教育者之富于常识也。"因此，素质教育和思想教育都很重要。一流的人才要有一流的品格，接受一流环境的熏陶。品格是金，德商、智商、情商都不可缺少，但最重要的是德。在人们的生活和工作中，团结友爱，互相帮助是必需的氛围，是成功的重要保障。一个人在工作中，不仅要有能力，而且要有亲和力。

每个人在成长的过程中要学会如何把握自己的命运，面临抉择的时候，要理性客观地评估自己和周围环境，既要看到现在，也要考虑未来，不要为一时的"安逸""富有""权势"等诱惑，也不要为自己缺少社会历练而气馁。走自己的路，做自己想做的事。只要是自己心甘情愿做的事情，就不存在后悔，即使遇到挫折也应积极应对。

不怕没机会，就怕没准备；机会往往稍瞬即逝，准备却要常备不懈。机会永远是留给有准备的人的。我有一些学生，觉得毕业后找工作很难，我说这事你得换个角度思考，找工作难是事实，但如果你真有本事的话，就不是你找工作，而是工作来找你了。

从事科学的人一定要有奉献精神和创新精神。创新是科学的本质。真正从事科学研究的人都想做新的东西，做比别人强的东西，这是科学本身规律的要求。青年是科技创新的先锋，搞科研的人至少从学生时就要抓住创新，选择一个方向，占领一个领域，掌握一种手段，解决一个问题。每个年轻人都要培养自己的创新能力和独立工作的能力，学点真本事。

自古英雄出少年，青年时期是创新的最佳时期。习近平总书记指出："青年兴则国家兴，青年强则国家强，青年一代有理想、有本领、有担当，国家就有前途，民族就有希望。"青少年最富有想象力和好奇心，是创新的先锋。古往今来，不乏神童和青年俊杰，爱迪生就是一位在青年时就展现出非凡创新能力的大发明家。当然，厚积薄发、大器晚成的人也比比皆是，但是仔细考察一下那些大器晚成的人，会发现其中的一些人在青少年时期已经崭露锋芒，为后来的发展打下了基础。所以，青少年这段时间非常重要。在过去的半个世纪，科学大致处在一个比较平缓的发展阶段，现在的很多自然学科，在我看来应该有一个新的突破、新的创新。当今科学到了大变革、大创新的时代。

中国的科技要实现从跟跑、并跑到领跑的历史跨越，并不是一句口号就可以达到的，而是必须确实有水平、有创新，才能实现领跑。

创新不同于一般的工作，一个人如果想做出创新性的成果，就必须潜心敬业，孜孜以求，不以物喜，不以己悲，把工作当责任，把专业作为事业。对所研究的对象到了痴迷的程度,才能做出非凡的成绩,才可能实现创新。科学研究需要付出极大的热情和精力。英国有位著名的科学家叫卡文迪什,是与牛顿同时代的人,在剑桥大学工作了50多年,地球上水的成分、空气的成分、地球的引力、地球的半径都是他测量出来的,被称为"第一个测量地球的人",是"最富有的学者,最有学问的富翁"。他一辈子都在实验室工作,到了废寝忘食的地步,据说他在逝世的前一天晚上还在做实验,那时他已是一位79岁高龄的老人。

实践是增长才干的必由之路,从事自然科学的人要勇于实践。地质工作以天地为己任、山川做课堂,揭宇宙之奥秘,探地球之宝藏。我从1960年考入地质学院,到现在已经从事地质工作60余年,几乎踏遍了祖国的沟沟坎坎,七大洲、五大洋能去的地方几乎都去了。在这些科考过程中,开阔了眼界,开拓了研究领域,增长了解决实际问题的能力,也积累了丰富的资料和经验。应该说,经验来源于实践,信心来源于实力,经验多了,实力就强,信心也就大了。

学校应该适当为学生创造一些机会,接触社会,接触大自然。科学考察能够认识发现新的自然现象,见证理性的东西,获得第一手资料,这是科学创新的重要源泉。除了学习专业知识,还能够学到许多在课本上学不到的知识和技能。大自然是美丽的,在野外考察中你会得到美的享受、艺术的熏陶;同时也会遇到许多艰难险阻,有利于磨炼意志、陶冶情操、开阔心胸、强身益寿。

最后,我想说人才的培养,特别是对大众来讲,要加强科学普及。科学普及是大众化教育,也是学校教育的延伸和推广,是强国之策和强民之策。习近平总书记说:"科技创新、科学普及是实现创新发展的两翼,要把科学普及放在与科技创新同等重要的位置。"习近平总书记确定了科普的定位，肯定了科普的重要性。中国颁布了《中华人民共和国科学技术普及法》，制定了《全民科学素质行动计划纲要》。这些极具前瞻性的法规和部署，我们必须认真贯彻执行。要提高广大民众的学习积极性，培养公众的阅读习惯。现在读书的人太少了，大家更习惯使用手机，不是说使用手机就不能学习，但是读书是体现一个民族综合素质的重要表现，纵观世界，一些比较发达的国家，民众的读书热情都相当高。比如，德国人就很喜欢阅读，91%的德国人一年能读一本书，有1/3的人几乎每天都读书，很多孩子人生的第一份礼物不是玩具，而是图书；以色列是一个非常重视教育的国家，600多万人口，一个文盲也没有，而且出了十几位诺贝尔奖获得者。所以，培养人才，要从基础抓起，从大环境抓起，民间自有人才在，只要大的环境好了，舆论导向和价值观念正了，全民的科学素质提高了，人才就能源源不断地涌现出来。

我们要担当起社会的责任，为实现中国梦做贡献。自古以来，中国的知识分子多以社稷为重，民族为重，故有范仲淹"先天下之忧而忧，后天下之乐而乐"和顾炎武"天下兴亡，匹夫有责"这样的伟大抱负。古人亦如此，今人该如何？我们每个人都要跟祖国的命运紧紧地联系在一起。

70多年来，我们国家发生了天翻地覆的变化，从一个贫穷落后的国家变成世界第二大经济体，国际地位大大增强，中国人的尊严也大大提高。尽管现在还有许多不尽人意的地方，但要相信我们有自我消化、自我解决问题的能力，只要万众齐心，我们就会越来越好。中国梦是强国梦，就是想方设法让古老文明的中国繁荣富强，所以我们应该为生活在这样一个伟大的时代而骄傲，同时也要肩负起时代赋予我们的光荣使命，为实现伟大的中国梦做出应有的贡献。

序3

# 对科学教育的几点理性认知

郭传杰 计算化学专家、国际欧亚科学院院士

当前,科学教育受到国家和社会前所未有的关注与重视。这是为什么?我想,主要有四个方面的原因。

第一,是时代发展的必然结果。产业的高科技化程度、产品中的科技含量密集程度、科学技术应用于生产的时间周期、科学技术在经济增长中的贡献率等,是衡量生产力先进水平的重要因素。第二次世界大战后,科学技术进入黄金发展时期。在19世纪,从科学发现到技术发明的间隔期一般为30~65年。到了20世纪,这种时间间隔大大缩短,如集成电路只用了两年的时间,激光器仅用了1年的时间。科技发展的速度越来越快,如2019年4月16日,以色列特拉维夫大学一个团队的研究人员用3D打印技术,利用取自病人自身的人体组织,打印出了全球第一颗完整的心脏。这是世界上第一颗具备细胞和血管的3D打印心脏,它的问世有可能成为心脏病治疗领域的跨越式进步。而3D打印技术起源于20世纪90年代,这种高科技的应用生产周期可以说是非常短了。正在大步走来的第六次科技革命和第四次产业革命,

将导致空前深刻的产业变革和社会巨变，会影响人们的生产、生活及思维方式。

第二，是民族复兴的需要。我们国家现在正在进行民族复兴的伟大事业，民族复兴最需要的当然是人才。以前，我们多是"跟着走"，模仿、"山寨"，这当然也有一定的发展。现在全球化受阻，我们已经走在前面的某些领域，就像任正非说的那样，无人引领，"前途迷茫"，得靠自己创新，自己去闯。想跟西方发达国家学，也比较难。在这种情况下，我们必须加强原创，抓住新的科技革命浪潮。因此，我们必须有大批的创新型人才，包括能进行原始性创新的人才队伍。

第三，是出于教育改革的需要。2012年，奥巴马在费城一个高中开学典礼上演讲，鼓励孩子们认真学习，要刻苦一点，因为中国、印度等国家的孩子比美国孩子刻苦很多。但是，他紧接着话锋一转说：不过你们也别太担心，他们终归是为我们打工的，他们只懂技术，但你们能创造新的知识。撒切尔夫人也说过类似的话，大意是不要担心中国，中国人没有思想，中国人不会创造新的东西，他们只是学得快。这些观点除了反映欧美政治家一贯的傲慢无礼外，客观上也反映了我们教育体系的不足，的确有亟待改革的必要。正如著名的以色列裔学者尤瓦尔·赫拉利所说："在人类历史上，我们将第一次面临这样的窘境：没有人知道未来二三十年的世界是什么样的。我们不清楚应教给孩子什么知识。我们唯一能做的就是教会他们思维方法和心理平衡。"创新在我国现代化建设全局中占有核心地位，科技创新是国家发展的内核动力。要提高科技创新的能力，一定要深化教育改革，培养出大批具有创新能力的科技人才。

第四，要缩短与国外科学教育存在的差距。近几十年来，随着国家和国家之间经济竞争的加剧,科学技术进入有史以来发展最快的历史阶段,世界各国都十分重视中小学的科学教育。美国和欧洲早在20世纪五六十年代就对科学教育进行了大量的研究、设计和实践,摸索出了如K-12科学教育体系、STEM(科学/技术/工程/数学)教育等标准、模式。我国的科学教育起步较晚,虽然近年来也有长足的发展,但是与西方发达国家,特别是与美国相比,还存在相当大的差距。

现在,大家都很重视科学教育。我国规定,从小学一年级起,就要设置科学教育课。那么,"科学教育"到底是什么?科学教育就是以基本科学知识为载体,以广大青少年(K-12阶段)为主体,以提升科学素养为基本目的,培养科学态度、科学精神,建立完整的科学观,促进人的科学化的活动。定义是有了,也很清楚,但是,究竟怎么理解?与其他教育,如学科教育、国防教育等相比,有什么区别?还是值得探究一番的。

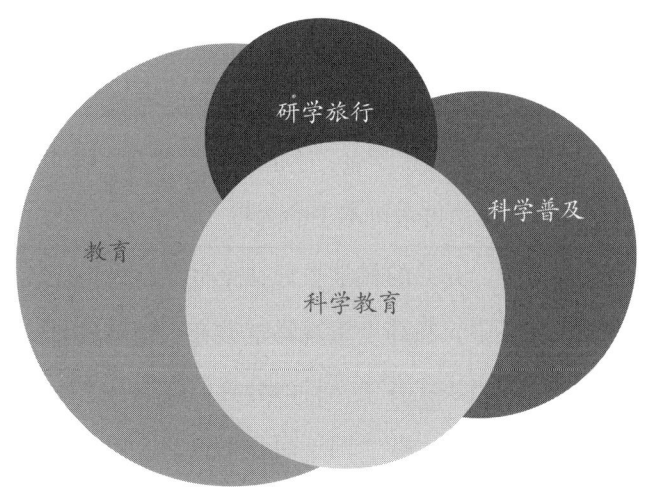

图1　科学教育与教育、研学旅行、科学普及的相对关系

上面是张示意图，不算准确，仅示意它们的相对关系。从图中可以看出，科学教育首先是学校教育的一个组成部分（也不完全在校内），同时又与科学普及活动密切相关。研学旅行里也有一部分是科学教育。科学教育主要是校内的，有些也是校外组织的。那么，我国的科学教育应该如何去理解和把握？

我想，我们先来看看它不是什么，再研究它是什么。我认为，"科学教育"既不是"科学和教育""科学与教育""科学或教育"，也不是"科技教育""学科教育""科学普及教育""培养科学家的教育"。

那么，科学教育到底是一种什么教育？首先，我认为科学教育是养成性教育和知识性教育的统一，主要目的是让学生从小养成像科学家那样去观察、思考、实践的习惯，也就是说，重点是让学生从小开始培育科学方法、科学思想和科学精神。学科教育（如较高年级开设的物理、化学、生物课程）的重点是教授各科的基础知识，科学教育的重点是培养思维、方法和习惯，促发学生的好奇之心。其次，科学教育是一种开放性的教育，融合课内教学和课外实践，是从教室的课堂教育往自然、社会的延伸。最后，科学教育是全体性教育，以全体青少年为主体，必须涵盖全体学生，不能像科学普及、研学旅行那样，可以根据自己的情况做出可干可不干的选择。

从一些文献上看，芬兰的科学教育在全世界是做得比较好的。在芬兰的国家教育体系中，在高度重视科学教育、创新教育的同时，理念上在中小学阶段相当淡化各个学科的分界，强调从实际问题出发，加强学科间的交叉和融合。芬兰国土面积不大，人口不多，创新成就却世界闻名，这与他们的科学教育体系是分不开的。另据有关材料介绍，比尔及梅琳达·盖茨基金会在设计一套全新的教材和课程体系，它完全打破了当下的社会科学、人文科学、自然科学、高新技术等学科的框架及其之间的壁垒，从138亿年前的宇宙大爆炸开始，带领学生一路走来，涵盖天体物理、天文、航天、化学、物理学、地质学、地理学、生物学、人类学、人类历史、艺术等学科的基础知识，由此形成一套全新的知识框架。

科学教育与科学普及也有一定的区别。科学普及要面对青少年、农民、城镇劳动者、领导干部和公务员、部队官兵等重点人群。同时，科学普及在学校里，并不是基础教育的一部分。而科学教育不一样，它是教育部规定的，是学校教育的一个重要组成部分。科学普及面对的受众更多，而科学教育主要针对的是中小学学生。

科学教育也不是培养科学家的教育，对此，我做个类比，大家就会容易理解。每个学生从小学开始，就要学语文、体育等课程，而且在小学阶段，这都是非常重要的课程。但是，学语文是为了让学生都去当作家、诗人吗？上体育课是让每个学生都去当运动员吗？当然不是！这是为了强化学生的基本核心素养。科学教育也是类似。现在加强科学教育，不是为了把每个学生都培养成未来的科学家（当然，会走出更多的科学家），而是为了培养学生的基本科学素养。由此可见，科学教育是一种养成性教育，再加上基础知识教育，就是让学生从小养成像科学家那样思考问题、研究问题、探索问题的习惯，不能人云亦云，不是全盘接受他人传授的知识，而是要善于独立思考，理性质疑，学会学习和创造。科学教育既是学校教育里的一个重要组成部分，同时它又和校外教育结合起来，可以到大自然里面去，到科学研究的实验室里面去，所以它是一个没有固定边界的、开放型的教育，是面向全体学生的教育。

科学教育的核心目的是培养学生的科学素养。科学素养包括很多要素，我个人觉得有三个非常重要。第一个是敢于理性质疑。当别人告诉你一件事情，你是无条件地马上相信、盲从，还是能想一想，看看有没有什么问题？质疑的精神，是科学前进的基本动力。这一点，在我们的教育传统中，是比较欠缺的。第二个是敢于创新的精神。没有创新意识和创新能力，一切就会停滞不前，在未来社会中，这样的人难有大的出息。第三个是拥有科学道德和伦理。科学家一定要有良好的科研道德和很强的科技伦理意识。因为，现在科学技术对社会的影响太大了，科学技术有双刃剑的特点。但是，现实中，又不能说搞科学的人科学素养就一定是高的。我们不幸地看到，科学家里也有人剽窃他人科研成果或无视伦理道德，如南方某大学的副教授将安全性、有效性尚未严格验证的人类胚胎基因编辑技术用于辅助生殖医疗，突破了人类道德伦理的底线。

科学教育的内涵是什么？我想应该包括：科学探究的基本过程和方法，如观察、分析、记录、提出问题、深入思考等规范；基本的科学知识与技能；科学的态度、价值观和科学精神。我个人认为，第一和第三两个方面在科学教育中应该更重要。科学探究的基本过程和方法是人们在认识和改造世界中遵循或运用的、符合科学一般原则的各种途径和手段。我们身边时时处处都有科学。如何引导学生去寻找研究课题，提出问题？例如，这里有棵竹子，那么竹子是如何成长的？需要什么条件和规律？它怎样变成竹竿？如何做成一件器具？……针对竹子可以提出成百上千个问题，诱发学生的好奇心、求知欲，并从中找出合适的、有意义的研究课题，一步步进行探究。在这个过程中，学生也会学到一些相关的学科知识。科学的态度、价值观和科学精神非常重要，它意味着科学教育的社会功能目标取向已经突破了"工具理性",要更加体现人文关怀、社会责任感,增进学生的理解,养成好的思维习惯,使他们能够独立思考,成功地面对未来人生,成为一个对国家、对社会、对他人负责任、有贡献的创新型人才。我看到小学阶段(3~6年级)科学课程总目标中,对科学探究作了这样的论述:"了解科学探究的过程和方法,尝试应用于科学探究活动,逐步学会科学地看问题、想问题;保持和发展对周围世界的好奇心与求知欲,形成大胆想象、尊重证据、敢于创新的科学态度和爱科学、爱家乡、爱祖国的情感;亲近自然、欣赏自然、珍爱生命,积极参与资源和环境的保护,关心科技的新发展。"有一次,我们在一个小学调研如何上科学课时,发现科学课教师带着学生到公园里去认植物,主要是让学生记住某些植物的名称、特性等相关知识,记忆力好的学生当场就能记住很多知识点。但是,我总感觉,这种知识记忆型教育作用不是很大,没有体现科学教育的本质。如果适当向学生多提出一些"为什么"类的问题,如秋天看到枫叶红了,问"为什么枫叶会变红?""为什么有的枫树叶子还是绿的?"……引导学生深入思考,并带领他们去分析、找出答案,教学效果就会大不相同。

科学教育离不开科学资源。虽然科学教育的资源到处都存在,但是优质的科学教育资源仍然存在严重的分布不均衡问题。科学教育资源包括科学的资料、书刊、设备、实验场地等,更包括科学的人才、科学研究的过程等。科学教育如果没有很好的资源,效果会大打折扣,因为这是由科学教育自身的特点、目标、内容、形式决定的。科学教育应该是一个多方协同合作的事业,不能要求所有的中小学都有良好的科学资源,这是不现实的。因此,学校、科研机构、社会团体、企业应该加强沟通,紧密联系,协同合作,形成一个充分开放、合作愉快的科学教育系统，共同为青少年提供优质的科学教育。

经过 70 多年的历史积淀，中国科学院（以下简称"中科院"）在国家和社会的支持下，已成为国家重要的战略科研力量，拥有巨大丰厚的高端科学研究资源，在学科前沿研究方面做出了许多引领性、战略性的重大科研成就，一大批高素质的科学家和研究院、所、台站等遍布全国各地。这些高端优质的科学资源，不仅是从事科技创新的必要支撑，也可以成为我国科学教育的重要基石。中科院已不失时宜地加强科学传播，提出要成为高端、引领、有特色的科学传播国家队，这是一项重要的战略举措。

科学教育是科学传播的重要领域，也是国家新时代教育改革发展、培养未来科技创新人才的重要方面。中科院在这一新的领域做出贡献，既是必须、必要的，也是可能、可行的，关键是看如何有效地组织好各方资源，协力同心，扎扎实实地做好工作。这方面，作为中科院科学传播的重要支撑和组织形式，科学教育工作联盟有着巨大的发展机会和空间，也承担着重要的工作责任。祝愿我院科学教育工作联盟在中科院这块科学沃土之上，为国家科学教育这项新的事业，做出应有的贡献。

## 前言

2021年是特殊的一年,它既是中国共产党成立100周年的年份,也是"十四五"的开局之年。一百年来,在党的领导下,中国人民艰苦奋斗、团结拼搏、开拓进取,取得了举世瞩目的中国奇迹,中华民族实现了从站起来、富起来到强大起来的伟大飞跃。现在,在党中央的领导下,我们开启了全面建设社会主义现代化国家的新征程。"十四五"规划提出:"坚持创新在我国现代化建设全局中的核心地位,把科技自立自强作为国家发展的战略支撑,面向世界科技前沿、面向经济主战场、面向国家重大需求、面向人民生命健康,深入实施科教兴国战略、人才强国战略、创新驱动发展战略,完善国家创新体系,加快建设科技强国。"由此可见,科技创新是现代国家发展的内生力量,是重塑世界经济结构和竞争格局的关键。

我们进行科技创新,是为了让科学技术成为社会发展的推动力,而"国家科技创新力的根本源泉在于人",在国家创新体系的诸多要素中,人才是最根本、最活跃的要素。

党的十九届五中全会提出:"把科技自立自强作为国家发展的战略支撑。"2021年习近平总书记在中国科学院第二十次院士大会、中国工程院第十五次院士大会和中国科学技术协会第十次全国代表大会上指出:"今年是中国共产党成立一百周年。在革命、建设、改革各个历史时期,我们党都高度重视科技事业。从革命时期高度重视知识分子工作,到新中国成立后吹响'向科学进军'的号角,到改革开放提出'科学技术是第一生产力'的论断;从进入新世纪深入实施知识创新工程、科教兴国战略、人才强国战略,不断完善国家创新体系、建设创新型国家,到党的十八大后提出创新是第一动力、全面实施创新驱动发展战略、建设世界科技强国,科技事业在党和人民事业中始终具有十分重要的战略地位、发挥了十分重要的战略作用。"如何做到创新自立、科技自强?那就要全方位培养、引进、用好人才,根本还是要从育人抓起,从娃娃抓起。一个国家科技实力的核心是国民的科技创新意识和科技创新能力,而科技创新的基础却是教育,特别是科学教育。因此,要想在未来科技竞争中占据优势地位,必须重视对青少年科学素养的培养,重视科学教育在国民素质教育中的作用。

为了提高青少年、农民、城镇劳动者、领导干部和公务员、部队官兵等重点人群的科学素质,提升全民科学素质整体水平,国务院办公厅于2016年印发了《全民科学素质行动计划纲要实施方案(2016—2020年)》。在圆满完成此阶段工作后,国务院又印发了《全民科学素质行动规划纲要(2021—2035年)》。可见,提升全民科学素质,是一项长期、持续、普惠的系统工程。

近年来教育部对科学教育进行了大量的改革工作,旨在进一步促进素质教育的发展。2017年2月,教育部发布了《义务教育小学科学课程标准》,将科学课列为必修课。

目前,科学教育是我国面向青少年科普工作的主要组成部分,对促进中小学素质教育，提高青少年科学素质，发挥了相当重要的作用。

在推进科学教育改革的浪潮中，各部委、研究机构、学校及社会团体等都进行了大量的探索和尝试，他们将自身专长与学校和学生的需求相结合，或将学校课堂延伸至校外，或邀请资深科研工作者和专家进校园，并不断探索新的科学教育手段。

中科院是我国自然科学最高学术机构、科学技术最高咨询机构、自然科学与高技术综合研究发展中心。经过70余年的历史积淀，已成为国家重要的战略科研力量，拥有丰厚高端的科学研究资源，在前沿科学研究方面做出了许多引领性、战略性的重大科研成就，一大批高素质的科学家和研究院、所、台站等遍布全国各地。这些高端优质的科学资源，不仅是从事科技创新的必要支撑，也是我国开展科学教育的重要基石。

中科院在科学普及和科学教育领域也做出了表率作用。自2004年起，每年组织百余所院属科研单位在"公众科学日"免费开放，如今已成为颇具规模的全国性科普活动。再如，由中国科学院行政管理局（以下简称"行管局"）主持的"科学快车"项目，满载着科普展品、移动展板、科学模型、球幕影院已经驶进了全国十余个省市。相关研究院所联合发起成立了植物园、标本馆、天文、网络、智能科学与技术等科普联盟，许多院所建立了专门的科普中心……

2018年12月，在中国科学院科学传播局（以下简称"科学传播局"）领导下，由行管局依托各分院、联动中科院院内外有关单位及院外相关行业机构，成立了科学传播局科学教育工作联盟（以下简称"科学教育工作联盟"）。科学教育工作联盟是有效推动科学教育理论研究、指导与开展相关活动的专门性组织，是中科院科普体系的重要组成部分，是落实"'科学与中国'科学教育"计划的核心平台之一。科学教育工作联盟成立后，组织开展了多场科学教育校长论坛和各类科学教育系列活动，在众多论坛、演讲、实践活动中，科学教育工作联盟在科教融合实践上积累了一定的成果，集结了众多的科教专家，形成了一些成熟的理论。

总结科学教育工作联盟几年来在科教融合实践方面取得的成果，客观反映中国科学教育的现状、面临的瓶颈，以及描绘未来的发展路线，完成从实践到理论的转变，是编委会编写《育未来科学人：科学传播局科学教育工作联盟科学教育理念创新与实践》（理论篇、实践篇）的初衷。在图书编写的过程中，我们发现了一些在科学教育领域的创新探索，如紧盯科技前沿，为科学校本课程注入新的元素；紧密联系研究领域，将科学研究变成最好的教学素材；结合地域特色，让科学校本课程呈现出不同的特点；支持学生创新，鼓励每个孩子在学习过程中展示自己的创意；开展线上互动教学，打破地域和空间的限制。这些尝试，无不令人惊喜。

本书编写过程中得到科学教育工作联盟主任、专家委员和各联盟成员，以及相关研究机构、学校与社会团体的大力支持。当然，由于缺乏经验，本书也有一些不成熟的地方，还请诸位读者海涵。我们相信，随着科学教育实践和理论研究的深入，大家会对如何做好科学教育有更清晰、更全面的认识，也能吸引更多科研、教育和社会资源投入到科学教育领域之中。

德国哲学家雅斯贝尔斯说过："教育的本质意味着，一棵树摇动另一棵树，一朵云推动另一朵云，一个灵魂唤醒另一个灵魂。"希望有更多的科学家和研究人员，能够加入科学教育的大军，成为"唤醒另一个灵魂"的人。

| i | 序1 再谈科学教育的作用 |
| v | 序2 科学教育之我谈：为国家培养有用人才 |
| ix | 序3 对科学教育的几点理性认知 |
| xvii | 前言 |

## 国内外科学教育现状及对比分析

| 005 | 引导是科学教育之窗 |
| | 国内外科学教育发展分析与启示 |
| 012 | 美国与中国航天教育现状分析和思考 |
| 022 | 英国科学教育发展对我国的启示 |
| 030 | 中日小学人工智能教育对比研究 |

## 中国科学院科学教育发展现状及特色

| 040 | 探索科教融合新模式 |
| | 中科院高端科研资源科普化在中学的实践与思考 |
| 049 | 对低龄儿童天文科普教育的实践和研究 |
| 055 | 发展行星科学　培养深空探索追梦人 |
| 062 | 教育实践探索　让网络课堂和科学教育有效融合 |
| 068 | 因地制宜地开展科学教育课程 |
| | 以兴凯湖湿地夏令营为例 |
| 074 | 山地科学体验式科普教育模式 |
| | 一种适合青少年的科普新模式 |

| | |
|---|---|
| 083 | "快乐蝴蝶体验苑"系列科普活动分享 |
| 089 | 科学普及活动新观察与思考<br>以昆明植物所各类科普夏令营活动为例 |
| 094 | 论"植物社团"课程的科学教育模式及成效 |
| 102 | 格致课堂助力中小学科学教育的实践与探索 |
| 107 | 所校联合开发高端校本课程　以中关村中学为例 |
| 116 | "科教帮扶"新模式的实践与探索 |

## 科学教育发展探索与启示

| | |
|---|---|
| 130 | 科学教育工作中院所两级管理存在的问题及解决对策探讨 |
| 140 | 浅谈科学教育理论实践　以月球知识为例 |
| 144 | 科学教育国际研究现状与趋势知识图谱可视化 |
| 160 | 刍议科学教育分众化传播的理论模式与实践路径 |
| 166 | 丝绸之路视野下的科技史与科技教育 |
| 171 | 粤港澳大湾区新时代科学教育创新发展研究 |
| 178 | 基于科学可视化技术的教学应用与评估 |
| 189 | 我国科技创新后备人才培养的理性审视 |
| 201 | 幼儿园集体科学活动的有效实施策略 |
| 207 | 后记 科学家看科学教育 |

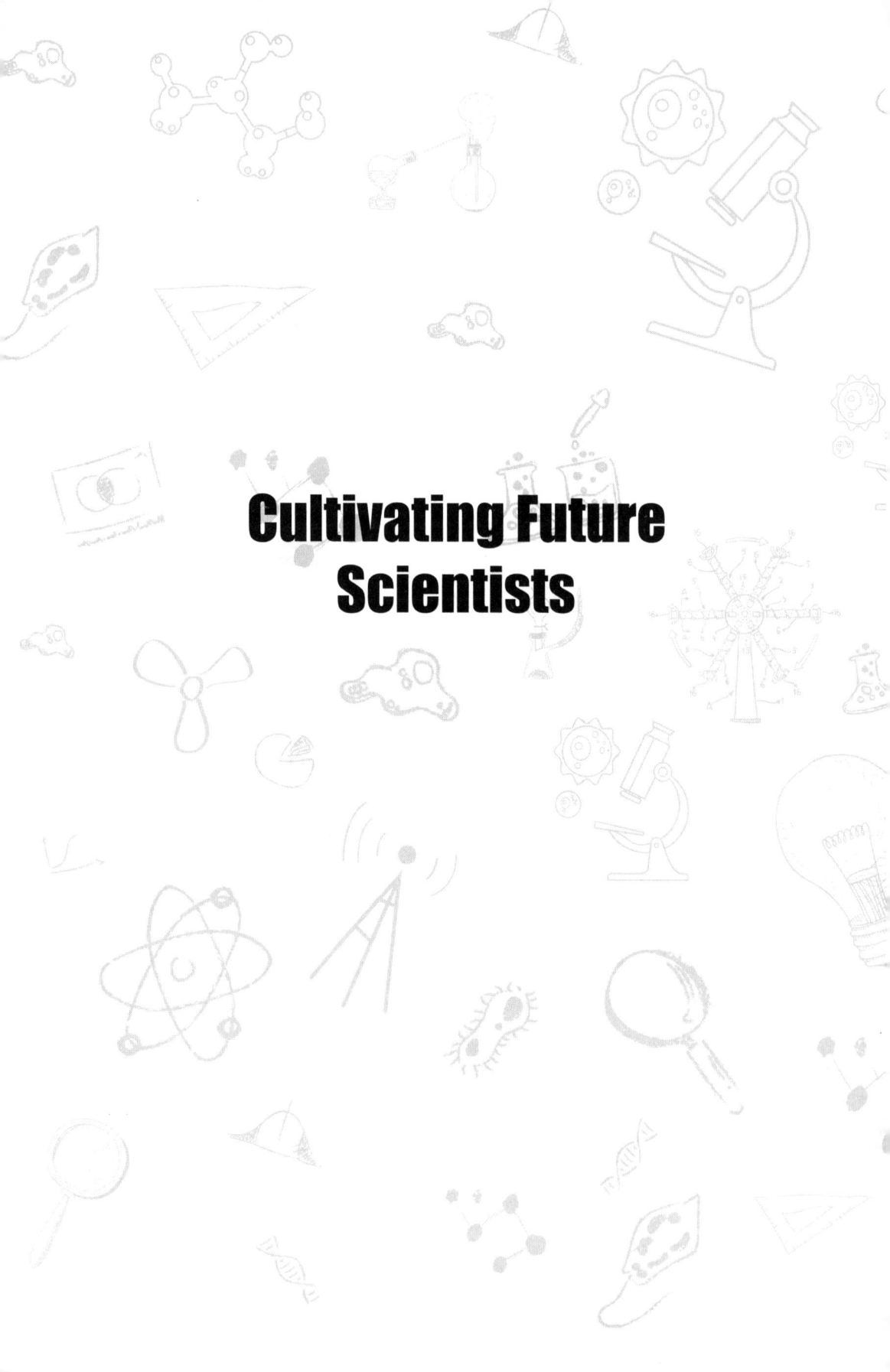

# Cultivating Future Scientists

# 国内外科学教育现状及对比分析

# 引导是科学教育之窗
# 国内外科学教育发展分析与启示

曲江华
中国科学院空天信息创新研究院

21世纪强国需要人才,科技、创新、科学教育是培养创新科技人才的关键。从国家层面看,随着科技的迅猛发展,当今社会对人才的需求发生了根本转变,从技术型人才需求向创新型人才需求转变,甚至发展到了需要开发每个人创新潜力的阶段。从个人角度看,职业发展的需求正发生翻天覆地的变化,具有创新思考能力,可能是不远的将来一个人职业生涯能立足的根本。

## | 国内科学教育存在的问题 |

中国科学教育从21世纪初开始受到重视,当前科学教育现状还有许多不足。

首先,不否认中国近年来科技发展迅猛,然而重视技术却不重视科学。这是自古遗留的问题。西方从公元前古希腊泰勒斯、毕达哥拉斯开始,到柏拉图、亚里士多德,就已经建立了严密的数学和逻辑推理体系，为科学大厦的建立奠定了坚实的理论研究基础。我国春秋战国也有百家争鸣，但是轻理重文，四大发明的辉煌只能说是技术应用而非科学。历史发展到现在，对科技已有足够的重视，但是科学和技术仍不同步。

其次，科学教育对创新教育的认识不足。从教学目标的设计就没有考虑到创新思想的培养或者说权重很小；应试的升学导向对创新思维的促进作用不明显，因为这是一个没有标准答案的时代，我们需要培养的是靠自己的思维想出答案的能力；科学教育没有引起足够的重视，教育者对学生探索的引导不够，学生缺乏自主探究的精神，科学教师队伍数量不足、质量不高。

最后，中国的科学教育对理科生的人文教育不够。自然科学客观规律的探索离不开健康人文世界观的引导，否则创新力越大，破坏力就越大。雅斯贝尔斯说："教育是人的灵魂的教育，而非理智知识和认识的堆积。"少年时代的柯西颇受拉格朗日的赞赏，但是当柯西的父亲找到拉格朗日的时候，拉格朗日却建议柯西先学文学以沉淀个性。

综合上述，诚如陈光巨先生所说："创新人才培养的关键在于教育，发展科学教育已成为建设科技强国的急迫需求，而目前我国科学教育发展的紧迫性与滞后性存在巨大的矛盾。"

## 国外科学教育发展现状分析

芬兰教育一直处在全球领跑地位，芬兰也多次被联合国评为最幸福的国家。芬兰没有竞争，全民全时段教育免费，学生高度自由，有更多学业选择自主性和职业转变机会。芬兰教育始终强调学生主体地位，引导学生做到主动学习和合作式学习，培养学生横向学习的能力，鼓励学生接受学科的融合教育。教师评估的是学生的学习方法，更看中学生的思维和能力。教师是不是优秀也不看成绩，要看学生的拥戴程度。"教室可以是学校的厨房、手工房、木工房、车间、音乐教室、语言教室，也可以是当地的森林、博物馆、社区，甚至可以和当地的教育机构合作。"芬兰在2016年国家核心课程中加入STEM教育理念，芬兰STEM教育遵循两个原则：一是STEM教育要服务于所有学生，二是在STEM教育中要使学生享受学习带来的快乐。为了应对未来的挑战，芬兰开展了现象教学，让学生在合作和探究的过程中实现一些主题和任务目标，以此为载体进行跨学科教学。

美国从20世纪60年代开始重视探究式教学，1994年国际科学联盟提出"动手做"科学教育模式，1995年把"动手做探究式学习"列为进行改革的重要原则之一。"动手做"后来在法国得到推广。2001年教育部副部长韦钰将"动手做"科学教育项目引入国内，中国开始真正强调探究式教学。2016年美国发布了 *STEM2026*，在推进STEM教育的过程中，开发了一系列旨在提高STEM学习兴趣、提高学生STEM素养及STEM领域职业意愿的课程，设计基于活动、项目、解决问题的STEM课程项目，致力于推行跨学科整合，并充分利用了网络资源共享平台。

STEM教育视域，科学素养，项目式学习方式，科学、技术、工程、数学有机结合，向课外延伸，综合运用科技知识和工具，被公认为"有助于培养学生科学探究能力、创新意识、批判性思维、信息技术能力"。德国称MINT（数学/信息技术/自然科学/技术）变革了科学教育体制，从传统输入控制向关注学生自主学习的输出引导转变，提出三维国家科学教育标准：认知过程、能力方面、复杂性。日本提出科学技术计划，识别有天赋儿童并提升其能力,增强数学、科学兴趣,促进中小学与大学合作,增强实践机会,开展教师培训,鼓励科研人员参与指导中小学实验课程。英国STEM注重批判式思维培养,教师从学生角度出发,让学生透过现象去思考事物本质内涵。新加坡引入NLP(应用学习项目)。同时,一些国家对学生的科学素养进行了大规模评测,如NAEP(国家教育进步评价)、PISA(国际学生评估项目)、TIMSS(国际数学与科学教育成就趋势调查研究)。

2012年,在线教育浪潮在美国兴起,全球卷入,从而引发新的教育改革。移动互联网时代的学习革命,教育的在线时刻,使传统教育模式被重新构建。教师的角色定位也发生了转变,加上创新思维培养对科学教育的重要性,各国逐渐意识到科学教师培养的重要性。

## | 对中国科学教育的启示 |

### ◎ 树立科学态度

人文世界观的引导,是科学教育的价值体现。科技在飞速发展,孩子是未来蓝图的设计者。科技即力量,这力量应是正向的,而非反向的。

### ◎ 培养科学思维

创意是思维,思维创新本质是一种探索和思考过程,认知逻辑替代学科轨道,思维训练先于机械学习。创造力人人都有,科学教育要把这种创造力释放出来。

### ◎ 利用网络教学

善假于物,利用信息技术解决教学中的具体问题。"以个性化教育和在线教育相结合方式探讨互联网时代培养学生创造力的独特方式。"

### ⚛ 引导教学

教育本质以学生为主体，倡导个性化教育，激发学生的自主学习能力和自我发展规划，并将培养学生创造力设定为教育最终目标。

### ⚛ 实践探究

教育是教学生如何运用的艺术，引导他们去探索、研究、实践，激发他们的内在学习动力，培养他们认识世界、找到自我、想象未来、解决问题的能力。

### ⚛ 培养科学教师

科学教育不仅是面向学生，更应该面向学校教师。"教育自身无法展示创造力时，要求学生具备创造性是一项艰巨的任务。"

## | 中科院在科学教育中的作用 |

### ⚛ 科普教育及宣传引导

中科院以大众能够接受的方式进行自然科学知识宣传和推广，普及大众科学。把前沿的科学知识、高深的科学知识生活化、趣味化，拉近孩子与科学的距离。德国教育学家第斯多惠说过："教学的艺术不在于传授本领，而在于激励、唤醒和鼓舞。"巴甫洛夫说："问号是开启任何一门科学的钥匙。"中科院有最前沿的科技，不仅有能力把知识讲透彻，而且还可以把知识讲得很生动、很通俗易懂。中科院的科研工作者很擅长把一个问题讲成一个句号，同时句号后面还会抛出有启发的问号，以此来引导学生后续的思考和探索，对学生需求成体系且有层次的深度引导。

### ⚛ 科学实践活动引导

发挥科技人员在学生科学素质教育中的独特作用，加强与中小学学校的合作。以培养未来科技人才为目标，与学校教育紧密结合，通过与学生生活相关的主题和任务为导向，研发和开展项目式实践活动，以学生为中心，引导学生像科学家一样思考，像工程师一样解决问题，激发学生的科学热情和科学家梦想，构建系统的知识体系，发展学生的创新能力。探究式教学、项目式教学、批判性思想培养，只停留在理念层面是不够的，需要科学的教育方法和实践经验。中科院的学生称教师为导师，实际也是因为教师以引导为先，让学生放手去做，必要时解惑，进一步引领方向，与当前科学教育理念有共性。诚如美国国家科学院院长布鲁斯·艾伯茨所言："科学教育应该是这样一种科学，它研究如何才能培养出更好的人才，以及如何通过教育使科学得到更好的发展。"

### ⚛ 人文引导和榜样作用

柏拉图说："一个人从小的教育把他往哪里引导，能决定他后来往哪里走。"雅斯贝尔斯说："教育的本质意味着，一棵树摇动另一棵树，一朵云推动另一朵云，一个灵魂唤醒另一个灵魂。"中科院科学家云集，最不缺的就是淡泊明志的科学精神，不忘初心始终坚守科研生涯的人生楷模。这里不只有树，还有这一棵棵树组成的森林；不只有云，还有这一朵朵云汇集的天空；这里应当是最具唤醒科学灵魂的力量源泉。充分利用和发挥科学家的楷模作用，激发少年学子的科学潜力和理想，发展自己，发展国家，更久远一些的格局是考虑我们还要为千年万年后的人类发展好地球，给我们的后代一个更美好的家园。

参考文献

陈信宇, 柏毅. 2019. PISA、TIMSS科学素养测评项目及启示[J]. 基础教育参考, (24): 10-13.

李娟, 何君辉, 陈典. 2019. 面向科学教育专业的科学学科核心素养养成策略分析——基于STEM教育的视域[J]. 中国教育信息化, (22): 72-74.

刘杨, 赵璐. 2019. 中国科学院学部第四届科学教育论坛暨首届科学教育国际论坛在京召开[J]. 科学与社会, (22): 129-134.

韦钰. 2019. "做中学"科学教育改革实验的起步[J]. 基础教育课程, (22): 6-13.

杨盼, 韩芳. 2019. 芬兰STEM教育的框架及趋势[J]. 电化教育研究, 40(9): 106-112.

# 美国与中国航天教育现状分析和思考

刘松川　刘炳成　中国科学院空天信息创新研究院
高洁雯　中国科学院学部工作局
张宝钢　北京师范大学全球变化与地球系统科学研究院
玄伟佳　中国科学院国家天文台

2019年,中国航天以完成34次航天发射任务,成为全球年度航天发射次数最多的国家,很多媒体以"航天超级'硬核'年"来评价该年度的中国航天事业。紧接着的2020年,由于突然爆发的新冠肺炎疫情,全世界面临着巨大的社会变革。但是,中国航天仍以长征五号运载火箭搭载新一代载人飞船试验舱和"天问一号"火星探测器成功发射,北斗卫星导航系统完成全球组网,"嫦娥五号"成功着陆月球并带回珍贵的月壤等一系列举世瞩目的成绩,漂亮地交出了年度答卷。

经过50多年的发展,中国航天凝练出了"自力更生、艰苦奋斗、大力协同、无私奉献、严谨务实、勇于攀登"的航天传统精神、"热爱祖国、无私奉献、自力更生、艰苦奋斗、大力协同、勇于登攀"的"两弹一星"精神和"特别能吃苦、特别能战斗、特别能攻关、特别能奉献"

的载人航天精神,这三大航天精神既传扬了老一辈航天科技工作者的革命精神,又鼓舞着一批又一批的青年人才踊跃投身于国家的航天事业之中。

为了宣传和发扬航天精神,培育未来的航天事业接班人,形成源源不断的航天人才梯队。科学技术部、教育部、中国科学技术协会、中科院等单位均以不同形式的科普和教育活动,积极地推动中国航天的科学传播工作,生产了大量丰富且生动的科普教育内容产品,并广泛地覆盖到全国的中小学和街道社区。

得益于国家各级主管部门的大力支持和不懈努力,航天教育在民众中拥有极高的地位,可谓"自带流量"。究其原因,一方面航天主题的科普与教育活动带有很强的科学浪漫主义色彩,能够引发人们无限的想象力;另一方面也彰显了祖国科技发展取得的巨大进步,能够极大地激发国人的民族自信心和自豪感。

但是,由于航天工程是一项复杂且系统的工程,涉及众多的学科领域和研制单元,并且出于国防安全的角度考虑,部分核心的研究工作无法真正对外开放,再加上从事航天事业的科学家本身的研究工作已经非常繁重。因此,国内航天主题的科普与教育活动大多是"蜻蜓点水",重在宣扬航天精神,甚少挖掘其背后潜力巨大的科学教育内涵。

## | NASA 的发展经验和启示 |

美国是当今世界航天科技最先进的国家,美国国家航空航天局(National Aeronautics and Space Administration,NASA)拥有完善的航天科技产业链条及体系化的航天教育模式,因此能够不断地培养出一批批具有工程化思维且独具创造力的航天人才。

### ❂ NASA 科普教育的顶层设计

1. 管理体系

1958年NASA建立伊始,便在整个机构范围内成立教育事业部,教育事业部与其他5个主要研究领域平级,单独作为NASA的一项研究任务纳入整体规划,并获得财政预算支持。1994~1996年,NASA教育事业部提出并推行教育与科普战略计划,与NASA本身的科研任务紧密结合,开发各种教育科普资源,简称E/PO(Education and Public Outreach)项目。

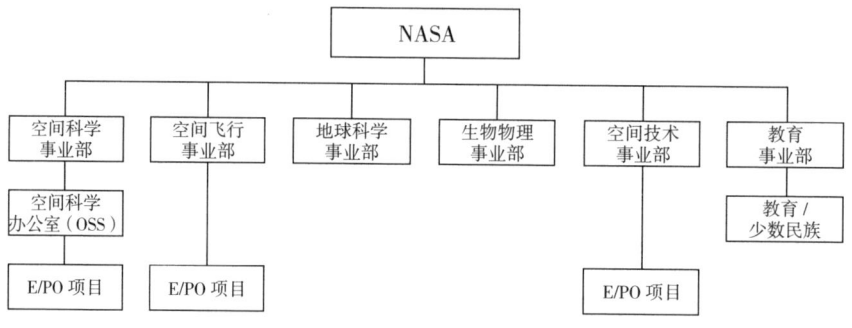

图1 NASA组织结构中的教育部门

同时,NASA还制定了一整套完善的教育与科普项目实施及管理办法,以确保能在空间科学研究任务的各个环节嵌入科学传播与普及的工作内容,以规章制度的形式在科研项目立项、实施、验收及成果发布等环节中,明确科学传播和普及的目标和效益。

2. 工作目标

教育与科普战略计划提出:在学前教育和初等、中等教育阶段加强科学、数学和技术教育的力度,帮助培育面向21世纪的科学和技术力量。这一目标也为现在流行的STEM教育理念提供了参考。

作为 NASA 空间科学研究的一个重要组成部分，E/PO 项目的目标是激发公众对 NASA 研究的相关科学、技术和工程的兴趣，主要包括四个方面：①增加公众对选择与 NASA 相关的科学技术工程类工作的兴趣；②增加公众对 NASA 科学技术工程类信息的兴趣；③促进科普工作者更多地参与到 NASA 的教育科普活动项目中；④促进公众更多地参与到美国其他的科学技术工程类教育和科普活动中。

3. 经费保障

NASA 教育事业部的经费主要由两部分的经费体系来支撑：一部分来自于空间科学研究任务的项目经费，将每一项科研任务预算的 1%～2% 用于教育与科普活动，并创建了一套完备的管理体系，使科研人员和科学家将教育与科普活动作为完成科研任务中不可忽视的重要组成部分；另一部分来自于 NASA 的教育与科普专项经费，逐年递增的充足预算也为科普教育工作的推广提供了稳定的经费支撑。

4. 合作机制

NASA 教育与科普战略计划的成功实施，与其他政府机构的紧密合作也是分不开的，特别是与美国国家科学基金会（NSF）之间的合作。虽然 NSF 与 NASA 在很多科学领域的研究有所重叠，但是两个机构通过紧密的协作，在一定程度上共享教育和科普资源，并鼓励各自的科研人员在彼此的业务范围合作开展科普活动，从而能够更好地扩大活动范围和提升影响力。

## NASA 科普教育的内容及特点

1. 差异化的教育目标

NASA 的科普教育活动覆盖了高等教育、中小学学生和社会公众三个层面。针对三类受众群体开展不同教育活动，并分别制定了三大目标：

（1）面向高等教育，重在"留住人才"，培养NASA未来的人才梯队，为实现NASA的战略发展目标而培养在STEM领域的尖端人才。

（2）面向中小学，重在"教育和引导"，通过教师培训和学生参与，鼓励学生学习STEM课程，引导青少年未来从事与STEM领域相关的工作。

（3）面向社会大众的非正式教育，重在"吸引和启迪"，让美国民众更多地了解NASA，吸引民众广泛参与到NASA的科研任务中。

2. 便捷丰富的教育资源

为了让公众尽可能地参与太空探索，NASA一直将国家航天计划的图片、视频、文字等资料免费公开。在其官方网站上，媒体、教育者、爱好者等都可以免费下载精美的航天图片。同时针对学前教育、高等教育等不同知识体系的学生，分别开发了适合他们的阅读材料或教材，以及相关的游戏、视频，使教师和学生可以精确获取每个年级对应的科普资料。

除了开放数据资料，NASA还将肯尼迪航天中心、约翰逊航天中心等执行航天任务的场所对外开放，并将这些场所打造成重要的航天科普教育基地。围绕这些科普教育基地，通过现场实物模型及高科技模拟等教学手段，讲解航天的基本理论，使整个参观学习的过程充满趣味。

此外，NASA还充分利用线上和线下资源相结合的模式进行宣传教育。NASA有自己的官方网站、官方电视台，并积极利用Twitter、Facebook及移动新媒体终端应用（APP）等大众新媒体传播平台构建自己的传播体系。

3. 系统性的教师培训

为了更好地开展航天科普教育，NASA尤其重视对教师的培训，通过对在校教师进行培训，有助于扩大航天教育的覆盖面，提高航天教育质量。NASA 的几大航天中心都设有职前教师学院，能够为教师提供系统的培训，同他们共同探讨如何把 NASA 的尖端技术融入课程计划中。

## |国内航天科普教育现状|

自新中国成立以来，科普教育工作就一直受到国家的高度重视，我国对科普教育工作的管理和协调机构是相对集中型的，在国家的各个部委及其管理体系的下属机构中，都会要求根据其业务职能范围履行相应的科普教育职责。中国科学技术协会、宇航学会、航天基金会，以及从事航天工程的企事业单位和民营公司均组织开展了不同形式的航天科普教育活动。

### ⚛ 国家政策引领科普教育方向

在中国航天事业蓬勃发展的态势下，国家将每年的 4 月 24 日定为"中国航天日"。习近平总书记在 2016 年首个"中国航天日"到来之际做出重要指示："探索浩瀚宇宙，发展航天事业，建设航天强国，是我们不懈追求的航天梦。"每年的"中国航天日"期间，各地都开展丰富多样的科普活动，向广大青少年传播航天文化、开展航天科普教育，通过参观见学、知识讲座等活动，在青少年中营造热爱航天、支持航天发展的浓厚氛围。

### ⚛ 线上线下多种科普教育形式

除了"中国航天日"等国家层面的大型科普教育活动，由于微信公众号、微博、抖音等自媒体的广泛使用，由官方媒体、科研专家、航天爱好者等建设运营的各类自媒体账号常常能够吸引大批的"粉丝"关注，其中航天官方融媒体"我们的太空"在微信、微博、知乎、抖音等自媒体平台同步开设账号，每逢载人航天、探月工程、火星探测、北斗导航等国家重大航天任务实施时，都会在全国进行大规模的推广和宣传，掀起一波又一波的航天热。

### ◎ 校内校外申请科普教育基地

与此同时，各地学校、科技馆和研学营地等机构也纷纷申请建设航天科普教育基地，建设航天校园文化，增加航天主题的科普教育内容，组织开展航天专家科普讲座、航天主题兴趣社团、航天主题科技节/嘉年华、航天主题夏令营/研学营等活动，深受学生的欢迎。

### ◎ 商业航天促进科普教育发展

为鼓励民营公司进军航天领域，国家开放并引导商业航天概念的发展，资本市场对参与航天工程的各类民营公司投资热情高涨。为了打造品牌影响力，对外宣传自己的研究进展，很多商业航天公司也会投入资金，研发航天科普教育内容，开展航天主题的科普教育工作。开发出的航天科普教育内容科技含量高，体验感更强，非常接地气。

## | 国内航天科普教育存在的问题 |

虽然国内航天科普教育的活动规模大，参与人数多，但是在科普教育的内容创作和最终成效方面，我们与国外还存在着理论化和体系化的差距。产生差距的原因较复杂，既有意识形态上的主观因素，也有现实存在的客观因素。

### ◎ 资源开放程度略低

由于航天任务对执行标准的要求极为严苛，出于安全和保密等方面的考虑，目前国内参与航天工程的重点单位均没有正式对外开放，即便开放也仅限于一些简单的浮光掠影式的参观，观众难以有深切的体验与感受。

### ⚛ 缺乏深度课程体系

航天工程是一项复杂且系统的工程，涉及的学科领域繁多，需要深厚的知识储备，非航天从业者很难创作出清晰透彻的航天科普教育内容。但是，航天科技工作大多"时间紧，任务重"，从事航天工程的科研人员本身就在超负荷工作，因此较少有科研专家能够花心思创作高质量的航天科普教育内容，这就导致航天科普教育始终和民众隔着一层神秘的面纱。大多数航天科普教育活动选择立足于宣扬航天精神，传承老一辈科学家的革命传统，鼓舞民族士气，增强民族自信，未能带领民众深入地参与到航天科学的发展与应用中来。

### ⚛ 传播对象细分不够

目前，我国的航天科普教育还处于"笼而统之"的阶段，科普教育的形式还基本停留在"知其然而不知其所以然"的"看热闹"阶段。当重要航天新闻事件发生的时候，为吸引受众的"眼球"，各路媒体纷纷跟进，但能够满足民众不断深究下去的"硬科普"并不多，没有针对不同年龄层、不同受教育水平的受众的航天科普教育内容，也没有形成进阶式的教育课程体系。

## | 对国内航天科普教育发展的建议 |

随着近年来创客教育、STEAM（科学/技术/工程/艺术/数学）教育理念在国内的发展，航天创客、"航天+STEAM"教育为航天科普教育工作找到了完美的结合点。由于航天科普教育具有较强的新颖性和创新性，很受中小学学生的欢迎，并且"航天+STEAM"教育在锻炼学生的逻辑思维、数理思维、设计思维和编程思维等方面，均能起到很好的效果，已经有越来越多的相关课程进入中小学校园。2016

年底,北京八一学校参与研制的全国第一颗中学生科普小卫星成功发射,并得到了国家领导人的亲自回信。

目前,国内"航天+STEAM"教育发展态势良好,国家航天事业相关主管部门正在努力打造"航天+STEAM"的国家级引领示范项目,未来将充分发挥在科普教育方面的引领示范作用。

### 搭建航天科普教育资源云平台

搭建航天科普教育信息和资源的聚合平台,提供体系化、针对性强、交互性强、丰富海量的权威教学资源,根据新型教育教学模式的需要,提供在线学习、在线测评、在线资源服务的支撑云平台,此外,也支持课堂内外师生参与在线交流、课程社区交流、学习小组交流及视频互动等教学互动,促进教学内容、教学方式和学习方式的创新变革,推进信息技术与科学教学的融合,实现对线上线下科普教学各环节的有力支撑,从而满足各类群体和各年级学生及教师的需求。

### 研发航天科普教育课程体系

组建航天科研专家与优秀教师的课程研发团队,开发航天科普教育深度进阶型课程体系,围绕空间科学研究、技术验证和空间应用研究的STEAM教育内容,将前沿科技成果课程化、科普化,设计开发启发式、探究式、参与式、合作式等教学方式,培养学生的创新精神与实践能力。

同时,加大航天科普教育文创产品的开发力度,打造航天科普教育的形象IP,将其科普价值、文化价值和产业价值进行全方位结合,以IP构建为核心的文化生产方式,创造"中国最具影响力的科普教育文化符号"。

### ⚛ 培养航天科普教育人才

依托我国航天产业的资源优势，与青少年学科教育紧密结合，建立航天卓越教师培养体系。针对职前教师，建立面向未来的创新培养计划，培养新型师范人才。同时，也为全国中小学教师 STEAM 教育理论探讨、教学实践提供专项培训。

在当前日益严峻的国际形势下，科技产业的进步是大国在国际舞台上拥有话语权的重要支撑。老一辈航天工作者自力更生、艰苦奋斗，为中国航天取得了举世瞩目的成绩，我们一定要做好下一代的航天科普教育工作，培养源源不断的航天人才，传承航天事业的精神，延续航天事业的辉煌。

### 参考文献

李小红, 李玉娇. 2019. 美国推进 STEM 教育的策略 [J]. 比较教育研究, (12):87–92.

彭聪, 王晶莹. 2016. 美国 STEM 教育实施策略的研究 [J]. 首都师范大学学报（自然科学版）,37 (3):18–21.

杨建. 2017. 航天科普传播中存在的主要问题及对策 [J]. 科学普及与实践, (20):110–112.

# 英国科学教育发展对我国的启示

焦郑珊

中国科学院自然科学史研究所

从弗兰西斯·培根发出"知识就是力量"的感叹，到邓小平"科学技术是第一生产力"的论断，再到白春礼"把美国'卡脖子'清单变成科研任务清单"的军令状，都体现出科学技术对社会发展、综合国力的重要性。2016年，习近平总书记在全国科技三会上指出："科技创新、科学普及是实现创新发展的两翼，要把科学普及放在与科技创新同等重要的位置。"指明了科学普及于科技创新的重要基础性作用。作为科学普及的重要环节，科学教育通过多种教学方式，让学生掌握科学概念，学会科学方法，培养科学态度，了解科学文化，激发科学精神，进而达到培养科学技术专业人才、全面提升公民科学素养的目标，其重要性也不言而喻。

英国既是工业革命的发源地，曾经一度占据世界科技领先地位，又是率先提出科学教育理念、首个颁布科学课程标准的国家，同时其领先地位也正受到新兴经济大国、新兴科技强国的冲击，其科学教育在先进理念、扎实实践、迎接机遇、应对挑战等多维度对我国都有一定的启示意义。与此同时，2015年英国广播公司（BBC）推出的纪录片《我们的孩子足够坚强吗？——中式学校》则因为呈现出中英教育的巨大差异而引起热议。睁眼看世界、取长补短是我国科学教育发展的必经之路。

## | 英国科学教育概况 |

当前世界形势瞬息万变，新一轮科技与产业革命正在萌芽，曾经在科技发展水平和科学教育水平均处于世界领先地位的英国，面临着两个巨大的挑战。第一，英国科学与数学教学质量呈现出明显的下滑趋势。由经济合作与发展组织（Organization for Economic Co-operation and Development, OECD）发布的PISA调查报告可知，2000～2012年英国3门核心课程排名下降明显，其中数学从第9名下滑到第26名，阅读从第8名下滑到第23名，科学从第5名下滑到第20名，并呈现出持续下降的态势。当前国际经济与科技竞争日益激烈，科学与数学教育是输出科技人才的重要渠道之一，由于教育质量的下降，英国在经济与科技方面的国际地位已受到威胁，这可谓是"外患"。第二，英国STEM人才无法满足社会需求。据统计，参加A-level科学、技术、工程与数学学科考试的学生人数占参加各学科考试总人数的比例，从2003年的26.3%上升到2013年的29.9%，10年中仅上升3.6%，远不能满足社会需求。2020年，英国需要100万名科学、工程与技术专业人员，然而在工程、高科技、信息技术等领域至少25%的雇主表示很难招聘到具备STEM素养的员工，这可谓是"内忧"。

在"内忧外患"的环境中，英国采取了一系列对策来推进科学教育的实施，提升学生对科学学科的兴趣，增加大学科学学科毕业生的数量和质量，以此来满足经济发展对 STEM 人才的需求，以期重新激发英国经济的活力，增加英国的全球竞争力。

第一，进一步完善国家课程（National Curriculum）体系。英国自 1941 年发布了《战后教育》（Education After the War）以来，就逐步建立完善了国家课程教育体系，旨在通过宽泛、均衡的课程，从精神、道德、文化、心理、身体等方面促进学生的全面发展。随着社会环境的转变，英国的国家课程在内容及评价标准上也不断转变。在颁布了《1944 年教育法案》（The Education Act of 1944）、《1988 年教育改革法案》（Education Reform Act 1988）、《国家课程及评价》（The National Curriculum and Its Assessment: Final Report）、《国家科学课程》（Science: The National Curriculum for England）等一系列关于国家课程的政策之后，2014 年英国发布了最新的《国家课程标准》。新的《国家课程标准》将教育分为 KS1-4 四个关键阶段，将英语、数学和科学 3 门课程定为核心课程，此外还包括一系列基础学科和宗教教育，形成核心课程 + 基础学科 + 宗教教育的课程体系；确保国家课程普及到所有处于义务教育阶段的学生，包括社区特殊教育学校及私立学校；提高课程难度，用更高的课程标准来提升英国学校和年轻人的国际竞争力。

第二，强化推进 STEM 教育改革。针对与科学教育最为相关的 STEM 教育，英国将科学教育、科学研究、科技创新、经济发展等联系起来，致力于通过创新体系的建立使英国成为全球经济的关键知识枢纽，成为将知识转化为新产品和新服务的领军者。英国皇家学会 2014 年发布的《科学、数学与计算机教育愿景》（Vision for Science, Mathematics and Computing Education）报告制定了 2014～2035 年英国 STEM 教育发展规划，主张所有人都应接受数学和科学教育至 18 岁，并为 5～18 岁学生提供高质量的、一贯性的科学和数学教育；通过教师培训、提升薪酬等方式，为科学和数学教师提供支持；将教育与就业紧密结合，引导学生的就业方向；提升教师在教育评估中的话语权；加强教育研究者、科学家、政策制定者和公众之间的交流，以切实了解需求、有的放矢。通过种种措施，英国的 STEM 教育与公众就业、产业发展紧密结合起来，成为最有活力的教育领域之一。

第三，加强国家、社区、学校、产业界等多方合作。近年来，英国的科学教育特别强调国家、社区、学校、产业界等各界的合作，将提升公民科学素养作为一个系统工程。如专门成立 STEM 战略集团，来统筹全国 STEM 教育资源和协调其发展；通过创造性和实践性的活动，让学生在家庭、学校、花园、操场、社区、工厂及更广泛的环境中工作和学习等。

第四，关注女性、少数族裔等群体的教育，整体提升公民科学素养。例如，英国教育部门、科研机构、学校、大众传媒等多方共同协作，正在努力改善科学教育的"不平等"现象。如改变性别的刻板印象，推动女生进入科学与技术（Girl in Science and Technology）、女性进入科学和工程（Women in Science and Engineering）等项目，改善社会各界"女性在科学技术领域弱于男性"的偏见。再比如，关注少数族裔接受科学教育的问题，在《2004—2014 科学与创新投入框架》（*Science & Innovation Investment Framework 2004-2014*）中明确提出要提升妇女和少数族裔参加高等教育的比例，以提升全民 STEM 素养。

## 英国科学教育的成效与问题

英国科学教育政策的施行,取得了较显著的成效。

第一,学生对STEM学科的态度有了明显的改观。2015年PISA的调查显示,有29%的英国学生表示未来愿意从事与科学相关的职业,比2006年高出11个百分点。同时,英国学生平均每周有4.7个小时用于科学课程学习,相较于OECD成员国3.5小时的平均值有明显优势。

第二,英国科学课程资源分布更均衡,受众差异明显减少。英国女孩与男孩在GCSE(General Certificate of Secondary Education)的STEM考试中取得的成绩基本持平,在A-level的STEM课程中的考试成绩已高于男生,同时参与科学学习的人数比例差距显著缩小,女生增长人数多于男生。

第三,用评价标准的改革来反向推动教育方式的改革和教育成效的提升。英国科学教育课程评价标准已基本废除水平考试和对学生应达到的水平描述,而是通过自由设计课程、个性化的评估方式来鼓励学生对自己的学习负责,进而引导学生成为终身学习者。

科学教育是一个复杂的系统工程,英国的相关改革也正在进行中,但英国科学教育依然存在着一些问题。第一,教育资源相对不平衡。尽管英国一方面规定所有公民都要接受科学教育至18周岁,并鼓励学校、社区、工厂等不同机构联合起来共同推进科学教育,一方面又特别关注女性、少数族裔、残障人士等群体的受教育问题,但科学教育资源还是存在着城乡分布不平衡、贫富差距、教育内容不平衡的问题。第二,英国STEM课程教师的数量、水平均有待提升。有数据显示,英格兰地区的中小学中有近50%的科学和数学教师并非专业科学和数学工作者,有近1/5的物理课程是由没有A-level经验的教师来授课的。

## 英国科学教育对我国的启示

《中共中央国务院关于深化教育改革，全面推进素质教育的决定》《国家中长期教育改革和发展规划纲要（2010—2020年）》《国家教育事业发展"十三五"规划》《义务教育小学科学课程标准》等一系列文件已明确了中国科学教育的目标、内容，同时在《教育信息化"十三五"规划》《新一代人工智能发展规划》等政策文件中提出了发展STEM教育、提升科学教育水平的具体建议。结合英国科学教育发展历程中的经验与我国国情，对我国科学教育未来发展提出如下建议。

第一，注重科学教育顶层设计、系统规划、全面统筹。当前，我国科学教育的管理、引领部门较多，教育部、中国科学技术协会、科学技术部、中科院等组织机构均就此发声。借鉴英国STEM战略集团的做法，我国也可以组织协调多家机构成立"科学教育组委会"，以保证科学教育政策的一致性与协调性，确保教育资源的有效衔接。

第二，关注女性、偏远地区学生、经济困难学生、残障学生等群体。面对我国部分地区重男轻女思想严重、经济欠发达地区教育资源严重缺乏、残障学生入学困难等现实问题，可从政策、资金等多角度支持特殊人群的科学教育，如设立专项基金、发起面向女学生的"科学教育希望工程"行动等，确保科学教育能够惠及每一个学生，整体提升我国公民科学素养。

第三，提升博物馆、社区等校外机构的参与程度。尽管我国已经开始呼吁博物馆、图书馆等校外组织参与到科学教育实践活动中，但学生的实际参与情况却不太乐观。调查显示，我国青少年年均进博物馆0.15人次，而发达国家学生年均入馆2~3次；我国青少年每次参观博物馆的时间同发达国家一样,均为 2~3 小时,这显示出我国青少年在校外科学教育时间上与西方发达国家的明显差距。因此,要更加充分利用校外资源,使科学教育多样化、多元化。

参考文献

加强博物馆展示宣传和社会服务工作调研课题组. 2005. 2004–2005 年中国博物馆观众调查报告——"关于加强博物馆展示宣和社会服务工作的调查研究"之"观众调查研究"报告 [J]. 中国博物馆, (2):30–35.

习近平, 2016. 为建设世界科技强国而奋斗——在全国科技创新大会、两院院士大会、中国科协第九次全国代表大会上的讲话 [M]. 北京:人民出版社.

Botcherby S, Bunkner L.2012. Women in Science, Technology, Engineering and Mathematics: From Classroom to Boardroom [J]. UK Statistics, 2(1): 5–8.

Conference of British Industry. 2013. Changing the Pace: Pearson Education and Skills Survey 2013 [M]. London: Pearson.

De Philippis M. 2016. STEM Graduates and Secondary School Curriculum: Does Early Exposure to Science Matter? [J] Center for Economic Performance, 18(2): 46–49.

Department for Education and Skills. 2004. Science & Innovation Investment Framework 2004–2014[R].http://news.bbc.co.uk/nol/shared/bsp/hi/pdfs/science_innovation_120704.pdf.

Department for Education. 2014. The National Curriculum in England: Framework Document[R]. https://assets.publishing.service.gov.uk/government/uploads/system/uploads/attachment_data/file/381344/Master_final_national_curriculum_28_Nov.pdf.

OECD. 2016. Programme for International Student Assessment (PISA) Result[R]. Paris:OECD.

OECD. 2020. PISA Key Findings 2000−2012[R]. http://www.oecd.org/pisa/keyfindings/.

Sheerman B. 2010. Teaching of STEM Subjects[R]. London: The Stationery Office Limited.

The Royal Society. 2014. Vision for Science and Mathematics Education[R]. London:Royal Society.

# 中日小学人工智能教育对比研究

汤日霞　周荣庭　柏江竹
中国科学技术大学科技传播系

近年来，"人工智能+"已掀起了席卷全球的风潮，其中人工智能对未来教育存在革命性的影响。人工智能教育从本质意义上讲，是将教育和人工智能技术加以有机融合，把相关技术和传统教育的学习资源、学习模式及手段融为一体，做到科学化分工、扬长避短，达到有效优化教育教学实效性的目的，对实践教育期间遭遇的各类问题进行处理和解决，强化教育实用性价值及有效性，推动智能教育普及化。人工智能教育可以促进学生深度学习、跨学科学习和思维方式转变，也为学生适应智能社会做好准备，为中华民族的伟大复兴储备创新型人才。

| 中日小学人工智能教育发展现状的对比 |

◎ **国家政策背景**

当前，我国人工智能教育校园普及化进程尚处于起步阶段。从

2017 年 7 月我国颁布的《新一代人工智能发展规划》，到 2019 年 1 月召开的中小学人工智能教育项目发布会，我国仅把北京、深圳、武汉等 5 个城市作为第一批人工智能教育试点的落地城市。推广全民智能教育项目，在小学阶段实现人工智能相关课程普及，我们任重而道远。

相对于中国，日本小学人工智能教育快速发展得益于政府支持，日本政府制定了独特的发展模式——规划纲要与开展培训相统一。一方面，日本政府于 2016 年举办了"人工智能技术战略会议"，2019 年日本文部科学省要求所有小学自 2020 年起使用新版教科书，人工智能正式成为日本小学的必修内容。另一方面，日本文部科学省于 2018 年开展儿童人工智能研讨工作，2019 年设立教育委员会，由教育委员会定期开展人工智能教育讲座与教师培训等活动。

### ⚛ 师资培养

目前，我国的教师教育系统已成体系，由全国的师范大学、地方师范学院、师范专科学校等负责培养师资。但在中小学学校中，90% 的新入职教师没有接受相关教师教育培训或者没有相关教学经历，大部分教师需要经过三四轮教学后，才能较为胜任教学工作。而在新入职教师的第一、二轮教学中，学生成为"试验品"，其教学效果得不到保障。

日本注重人工智能教育型人才的培养。在师资培养方面，在数量上——从 2018 年全国的人工智能专业相关硕士毕业人数仅 2800 人，到 2019 年制定每年培养 25 万人工智能相关人才的宏伟目标；针对全体中小学生开展更深层次的信息化教育，增设面向社会人员的专业课程，集中资源开展人工智能创新；在教学技能上——教师需要将人工智能知识、科学的教学方法与学生心理辅导相结合。

**◎ 教育内容建构**

目前，我国多地小学正在逐步开展人工智能教育内容建设，并根据当地教育情况和特征，研发适宜的教材，开展相关课程。例如，2019年由皖新传媒、中国科学技术大学新媒体研究院与中国科学技术大学出版社联合打造的适合小学三年级至六年级学习的《人工智能读本》，从校本课程开发、学生认知发展规律等角度出发，主要课程包括宏观、微观和实践3个层面，通过场景引入、理论知识普及、案例探究、课后实践等4个方向进行授课。

日本将人工智能教育纳入正常课程体系并与教材教法建设相统一，将人工智能教育与其他学科相结合，课程内容可以分为3个部分——工具性、主题性与活动性，根据学生的年龄和认知能力，逐步提升学生对人工智能的认知能力与技术能力。另外在不加重学生负担的前提下，为培养学生创新型思维，提高学生的知识技能、思考力、判断力、应用能力，在各个学科中贯穿信息教育，实现人工智能教育课程体系多学科、多课程实施的目标。

## | 我国小学人工智能教育存在的不足 |

美国经济学家克里斯托弗·弗里曼于1987年首次提出了"国家创新体系"的概念，旨在以国家社会经济的宏观视角来考察技术创新的实践，这与我国建设具有国际影响力的创新型国家的目标十分相符。创新型国家的建设依赖于知识资源的长久支持，而通过上述对中日小学人工智能教育的对比可以看出，我国在该领域的知识资源建设和发展水平与日本还存在着一定的差距，主要体现在以下方面。

### ❀ 政策背景

由于政策发展不成熟，我国人工智能教育目前存在教育配置分配不平衡的情况。在普及全民智能教育的过程中，经济欠发达地区的学生依旧很难获得完整的知识，这有可能进一步拉大不同地区学生间的知识差距，不利于国家倡导的教育公平方针。关于中学人工智能课程设置调查数据的统计，18%的学生表示其所在学校开设了与人工智能相关的课程，25%的学生表示学校举办过与人工智能教育相关的讲座，40%的学生则反馈其所在学校从未开设过与人工智能教育相关的课程。

### ❀ 师资培训

通过上述分析，目前我国在人工智能人才培养方面还存在诸多问题。在师资培训方面，我国在小学教师培养中普遍存在机械化培养的问题，很多师范类高校存在人才培养目标不清晰、培养方法陈旧等情况，学生也缺乏批判性思维和创新性能力。另外，我国关于小学人工智能型人才培养还存在重鉴别、选拔与淘汰，轻反馈、矫正与调控等问题。培训内容大多数是教育理论知识，在教学研究方法和课题研究培养上存在较大缺失。

### ❀ 理性逻辑下的道德伦理教育缺位

人工智能与教育的根本都是以人为本，在出发点上保持着高度一致，但人工智能依靠大量的理性逻辑，其发展过程本身就面临着众多的伦理问题，如大数据收集网络信息的合法性等，这些行为仍有很大的讨论空间。因此，在人工智能和教育相结合的过程中，如何兼顾道德伦理教育，平衡技术理性与人文感性之间的复杂矛盾，对学生进行全方位的培养，还需要长时间的探索。

## |建议与启示|

对中日小学人工智能教育之间的差异进行梳理之后，我们不仅了解了中日小学人工智能教育的发展现状，同时也在对比过程中发现了国内小学人工智能教育发展的不足。要实现小学人工智能教育突破性发展，真正达到全民智能普及，我们还需在以下几个方面做出努力。

### ⚛ 均衡地区教育资源

人工智能教育资源的分配需要政府、学校、企业多方合作。一方面，坚持政府在资源配置中的主导作用，明确并完善政府职能，加强教育资源的投入与管理。政府需要发挥主导作用，将人工智能教育纳入义务教育发展阶段，出台相关政策，建设课程标准，同时也要在此投放更多的教育经费，促进解决地区教育资源不均衡的问题。另一方面，充分发挥市场在资源配置中的决定性作用，转变教育资源配置理念，也需要树立协同合作的意识，实现教育资源配置利益最大化。例如，学校应加强与人工智能企业的合作，这不仅有利于为进一步开展人工智能教育提供适配的设备，还能从多角度助力配套课程内容设置、教学方法选择和课程评价体系的建立等。

### ⚛ 完善教师培训体系

教师队伍的建设是保证人工智能教育发展的关键因素。在教师培训方面，可以采取多层面、多渠道的方式。如在人工智能教材中配套教辅材料辅助教师教学；组建教材编写团队、人工智能技术团队，开展相关教育培训活动；依托社会资源，建设智能教育基地，搭建线上教学平台，帮助教师学习；开展线下研学活动或比赛，提高整体师资水平。另外，也可以培养将人工智能知识与学科相结合的新型教师。

从态度、能力、创新、责任四个维度整体提升教师的专业素养，使教师专业队伍的信息化教学水平稳步提升。

### ⚛ 5G时代下建设人工智能型校园

5G时代的到来为智慧校园建设提供了技术支持。我们不仅需要"人工智能＋教育"的校园建设，还应当考虑人工智能伦理的教育。一方面，利用AR/VR技术开展人工智能虚拟现实教学技术。通过创建AR教学场景，可以将复杂问题简单化，抽象问题具体化，通过营造游戏化、沉浸式学习环境，使学生达到如在真实环境中的体验式学习。另一方面，通过数据监测学生学习情况并生成学情报告，帮助教师达到"以学定教"的目的时，我们也要高度重视人工智能促进教育发展的伦理问题，需要制定一套受各方认可的伦理框架，恰当使用教育数据、教师和学生的个人数据，以保护他们的隐私和个人数据安全。

## 参考文献

董泽芳.2012.高校人才培养模式的概念界定与要素解析[J].大学教育科学,(3):30-36.

苟胜荣.2020.疫情防控背景下高职《建筑施工工艺与流程》课程线上教学资源建设与应用实践研究[J].科技风,(18):114.

柯平,洪秋兰.2009.中澳知识资源对比研究与差距分析[J].图书与情报,(1):17-21,60.

李哲,李娟,李章杰,等.2019.日本人工智能战略及人才培养模式研究[J].现代教育技术,29(12):21-27.

孙立会,刘思远,李曼曼.2019.面向人工智能时代儿童编程教育行动路径——基于日本"儿童编程教育发展必要条件"调查报告[J].电化教育研究,40(8):114-120,128.

魏红.2019.开展未来教师培养,保障高等教育质量[J].北京教育(高教),(9):11-13.

谢昱,陈映晓.2019.我国中学人工智能教育状况的调查研究[J].未来与发展,43(12):74,106-108.

张慧,黄荣怀,李冀红,等.2019.规划人工智能时代的教育:引领与跨越——解读国际人工智能与教育大会成果文件《北京共识》[J].现代远程教育研究,31(3):3-11.

Freeman C. 1987. Technology, policy, and economic performance: lessons from Japan[M]. London: Pinter Pub Ltd.

# Cultivating Future Scientists

# 中国科学院
# 科学教育发展现状及特色

# 探索科教融合新模式
## 中科院高端科研资源科普化在中学的实践与思考 *

张　青　武汉科学普及研究会
叶　昀　中国科学院武汉分院

　　随着国家对科技创新的日益重视，近年来，我国科技创新工作迅猛发展，科技成果大量涌现。这些成果不仅代表着我国科技的创新成就，也成为公众高度关注和急切希望了解的科技热点。2012年8月，中科院联合教育部启动实施了科教结合协同育人行动计划，该计划由科苑学者上讲台、重点实验室开放、人文社科学者进科苑、科苑学者走进中学等十个任务明确、操作性强、辐射面广的项目构成，形成系列行动方案。2015年3月，中科院与科学技术部联合发布了《关于加强中国科学院科普工作的若干意见》，提出高端科研资源科普化计划，促进中科院丰富的科研资源转化为科普设施、科普产品、科普人才，使中科院丰富的科普资源服务于面向公众的科学教育，促进科教融合。

---

* 本文于2018年发表在《传播与版权》第001期上。因出版需要，文字有删改。

显然,科教融合已上升到了国家战略的高度,也成为众多科研工作者的共识。目前,科研院所与高等院校对科教融合已有较深入的研究与实践,然而有关科研院所、高等院校与中学之间联合开展科教融合、开展科技创新型领军人才培养向中学延展和前移、共同提高中学阶段人才培养质量的实践与研究却鲜见报道。由于科教融合协同育人具有重要的战略意义,因此,本文以中国科学院武汉分院(以下简称"中科院武汉分院")高端科研资源科普化在中学的实践为例,对此进行一些研究与思考。

## 科教融合的内涵与重要性

### 科教融合的内涵

科教融合是科学研究与教学协同创新培养人才,两者相互协调合作,催生出全新的事物,最终产生"1+1>2"的协同效应。本文所研究的科教融合是指科研院所进行资源整合,与基础教育领域展开全面合作,打通高等教育和基础教育之间的壁垒,联合开展科学研究和教学,共同致力于提高人才培养质量的本质目标。

### 科教融合的重要性

近年来,科技快速发展,人们也越来越意识到能力培养比知识传授更加重要。进行科教融合,就必须高度重视把中科院的科研优势和科技力量转化到人才培养中去,认真研究和深入思考科学研究的育人作用,正确认识科学研究与人才培养的本质特性,理顺二者之间的关系。

科教融合的重要性体现在两方面:一方面,科教融合是先进的教学理念,科研人员和科研机构通过开展高端科研资源科普化活动展示科学原理和科研成果，既能保证传播内容的科学性，又完成了其自身的社会责任，还能引导公众特别是青少年参与科学、激发其对科学的热情；另一方面，科教融合是人才培养的战略选择，随着我国公民受教育程度的提升，公众的科学素养显著提高，科研院所的高端科研资源科普化活动能够进一步促进公众特别是青少年了解科学发展，探索科学方法，提升科学素质，从而全面提高教育质量。

## | 科研院所与中学的科教现状 |

### 科研院所的科教现状

中科院是我国自然科学最高学术研究机构和培养、造就高级科技创新人才的基地，集科研院所、学部、教育机构于一体，且一直高度重视科教融合工作。中科院在全国拥有11个分院、100多家科研院所、3所大学、130多个国家级重点实验室和工程中心、68个国家野外观测研究站，还承担着多项国家重大科技基础设施的建设与运行，拥有非常丰富的高端科研资源。2014年中科院院长白春礼在中国科学院外籍院士证书颁发仪式暨基础科学的未来与科教融合主题论坛上表示，中科院不仅在基础科学的研究与高新技术研发中扮演着重要角色，也承担着培养创新型人才的重要任务。近年来，中科院通过中国科学院大学和中国科学技术大学，构建了以研究所为基础、以研究生为主体的教育体系，创造出一系列以科教融合和院所融合为特色的培养创新人才的新模式。但目前，中科院更多的是将科教融合的目光投向研究生和本科生，对于以中学生为主体的科教融合探索较为少见。

### 中学生的科教现状

随着全球化进程的不断加快，高端科技人才逐渐成为国家竞争力的重要支柱。中学生是社会发展的主力军，是高素质知识人才的后备力量，中学生科学素养的培养和提高，决定着国家综合实力的水平。2015年第九次中国公民科学素质调查结果是，具备科学素质的公民比例为6.2%，与发达国家相比仍存在明显差距，且我国公民科学素质水平发展不平衡，公民科学素质建设任重道远。因此，中学生科学素养的培养问题亟须重视起来。当前，中学的科学教育主要是读、听、记，在这种模式下，科学教育形式单一，并且教学模式也是承袭课堂教学，而不是青少年比较感兴趣的"做科学"。同时有研究发现，青少年学生随着年龄的增长、受教育水平提高，对于未知领域的探索精神、好奇心却在逐步降低。

因此，如何实现科教融合，让中科院高端科研资源得到有效利用，使之既在实施创新驱动发展战略中发挥引领作用，又为提升中学生科学素质做出贡献，是我们目前迫切需要解决的问题。

## | 高端科研资源科普化在中学的实践 |

2013年习近平总书记到中科院考察时，对中科院提出了"四个率先"的更高要求。因此，强化科教融合、引领知识创新成为中科院落实上述要求的核心命题。近些年来，中科院武汉分院充分利用自身优势，整合优质资源，创新工作方式，开展了一系列对公众特别是青少年的科学教育活动，初步形成了独具特色的针对中学生的科研、教育、科普相结合的科教融合新模式。

### ◎ 科研与科普相融合，科研成果科普化日益盛行

针对中学生的科普讲座由于简单且容易举办而被广泛采用，科研人员到基础教育领域开展科普活动已成为许多国家加强科技教育的首

选方式。国外许多著名科学家，包括诺贝尔奖获得者，经常被邀请到中小学学校与学生见面，一起畅谈科学问题。

中科院武汉分院历来鼓励所属研究院所的科技工作者投身科普，在科研的同时积极承担科学教育的任务。

2010年，中科院武汉分院与武汉市科协、武汉市教育局共同创建了一支由老科学家为主力军的中科院武汉科学家科普演讲团（后改名为"武汉科学家科普团"，以下简称"科普团"）。其成员由中科院武汉分院各研究所、在汉科研机构、大专院校及其他单位的科学家组成。他们通过生动活泼的科普演讲，向公民特别是青少年普及科学知识、传播科学思想。在10余年的时间里，专家走进中小学讲授科普报告1600余场次，受众58万余人次，为中学生科学素养和创新能力的提高做出了积极贡献。中科院武汉分院科普部构建了由各研究所主管领导和工作人员组成的科普专班，专门负责科普工作的协调与管理，定期研究部署科普工作，提高科技人员参与科普工作的积极性，在吸引知名科学家加入科普队伍的同时，也注重从新学科、新领域、新热点等方面凝聚一部分中青年科技人员参与科普演讲，以满足社会受众的多层面需求。每年的大型科普活动期间，分院积极协调组织各单位开放实验室，组织专家现场讲解，使公众特别是青少年对研究所有全面的了解，同时能更近距离、更深刻地感受到科研的魅力。这些特色科普活动的开展，在宣传中科院科研成果的同时，也向公众普及了科学知识，并帮助中学生树立了从事科学研究的崇高志向。

**⚛ 科研与教育相融合，基础教育研究中心应运而生**

科研机构和学校之间科研与教育资源共享、优势互补的协同育人方式是当代科教融合理念实践的重要途径。中科院武汉分院积极整合优质资源，探索科教融合的人才培养模式。

为打通高等教育和基础教育之间的环节，中科院武汉分院搭建了一个面向全省基础教育领域的业务平台——中国科学院武汉教育基地基础教育研究中心（以下简称"中心"），以"科技兴校，走进中科院"系列活动为载体，与省内广大基础教育工作者一起共同研究推动我国基础教育全面健康发展的新理念、新途径、新方法，探索拔尖创新科技人才的早期培养新模式。中心的目标是通过整合院内外优质资源，开发并实施若干具有鲜明特色的培训项目，构筑一个立足省内、辐射全国的培训基地，服务广大中小学师生。同时，强调科研服务和管理咨询的功能，一方面通过推动基础教育项目的理论研究，促进研究成果在教育实践中的转化；另一方面通过开展对学校及所属区域教育发展规划的管理咨询，发挥对基础教育改革、创新与发展的引领作用。另外，还会不定期举办教育领导力大讲堂，宣传和推广最先进和最前沿的教育管理理念；举办教师论坛、校长论坛，为中小学校长和骨干教师提供业务交流和思想碰撞的机会，努力探索全面提高基础教育质量的有效途径。

### ⚛ 教育与科普相融合，中学生走进中科院实地探究

为了培养青少年的科学兴趣和能力，让他们直接参与研究活动是有效途径之一。国外多年来一直实施"学生与科学家合作伙伴关系"，这种关系一方面可以让优秀的学生了解科学家从事的研究，另一方面也使学生能够实地动手研究、与科学家亲密接触。这从一个侧面说明，国外的科学人才培养在中学时期就开始了。

为充分发挥中科院高端科普资源优势，探索基础教育和高等教育贯通的科技与创新拔尖人才的教育培养体系，服务创新型国家人才培

养战略,搭建高素质青少年创新人才培养通道,近年来中科院武汉分院先后接待了 500 多名优秀中学生走进科研院所的实验室,参与到科学家团队中进行科学研究。中科院武汉分院每年组织科学兴趣浓厚的优秀中学生带着科学梦想走进科研院所,在科学营营期内,以团队的形式参与一个真正的研究课题,活动采取组织科普系列讲座、参观实验室和野外台站,进行科学课程探究、撰写研究报告、组织研究成果答辩等方式,将学生分为 4~6 人一组,进入各研究所不同学科的科研探究小组。中科院武汉分院积极创造条件让学生能够亲自动手参与科研实验,体验从课题选取、论文检索、课题开题、实验研究、数据整理到形成课题报告、成果答辩的科研全过程,体验国家新型科研器材和成果,使学生通过走进科研场所,亲身体验科技新事物的强大动力,从教室学习拓展到中科院高端实验室内的科学研究实践。同时亲身实地感受中科院的文化,感受科研人员不断进取的科学精神,从而热衷于科学探究,善于提出问题,不断寻求答案。这对学生学习科学方法,树立良好的科学态度,培养好奇心和探索精神,及早地树立科学的人生观和价值观,至关重要。

## | 探索科教融合新模式的经验与思考 |

开展科普工作既是分院义不容辞的责任,也是促进科技创新发展,提升分院和研究所在地方的影响和地位的有效方式。中科院武汉分院的种种实践表明,科研院所的高端科研资源能够成为中学开展科教工作的重要支撑,对于提升学生科学素养和动手能力,激发学生对从事科研工作的兴趣等方面也都取得了良好的效果。但如何进一步实现中科院丰富的科研资源与中学的优质教育资源共享融合,实现双方的可持续共赢发展，依然需要进行不断的探索与实践。为此，提出对于进一步推进科教融合新模式的建议。

### ⚛ 发挥优势，丰富科普活动形式

中科院作为国家战略的科技力量，拥有丰富的高端科研资源，在科研、教育、科普相结合的科教融合新模式中，中科院需进一步发挥资源优势，同时在科普活动的鲜活、生动、具体上下功夫。依靠分院的协调组织能力和各科研院所的丰富资源，通过组织科学体验、举办科普知识竞赛、触摸自然感受科学系列活动、组织科研人员编写科普读物等形式，不断丰富活动内容，扩大中学生科学教育的受益面和受益率。

### ⚛ 整合资源，健全组织管理机制

目前，在科研院所与中学的科教融合体系中，中科院科普资源系统集成不够，科普资源效益尚未得到充分的发挥，科研院所与中学需在协调配合联动上下功夫，联合各有关职能部门和社会力量共同开展工作，进一步整合科普教育资源，不断丰富科普工作内容、创新工作方法，更好地促进科研、教育与科普工作的融合，形成"科学普及大合唱"。通过加强各个主体之间的协同，最大限度地实现全面创新，共同为中学生提供更多更好的实践平台，促进中学生综合素质的全面提高，为国家培养更多的未来优秀科学家奠定坚实的基础。

### ⚛ 激发热情，扩大科学传播队伍

科普工作水平的高低，很大程度上取决于队伍组织建设的水平。科学普及是科学家的重要使命，但是对于科研人员来说，在高端科研成果科普化的过程中，有时候很难直接看到成效，自己的付出无法及时产生正效应，这在一定程度上限制了科学教育队伍规模的扩大。因此，要采取一些有效的激励机制，激发科研院所的科技人员参与科学教育的积极性，扩大专业科学传播队伍，激发他们参与科学教育的热情。同时，在科学教育活动中，科研人员作为指导教师，要精心设计科研课题，细心指导，合理安排探究内容和方案，让学生学有所获，使科教融合新模式得到进一步的实践与发展。

参考文献

敖妮花, 龚惠玲, 鞠思婷, 等. 2016. 高端科研资源科普化面临的机遇与挑战——以科普展览为例 [J]. 科学管理研究, (3):1-4.

曹阳. 2012.STS 教育视域下的中学生科学素养的问题研究 [D]. 东北财经大学.

蒋文娟, 张淑林, 刘天卓. 2017. 科教结合协同育人运行机制与模式 [J]. 中国高校科技, (3):7-11.

林彦红. 2015. 科教融合理念的创新与实践——以中国科学院大学为例 [J]. 研究生教育研究, (4):27-39.

刘信中. 2012. 青少年科普：困境与机遇 [J]. 新闻研究导刊, (2):10-14.

马海泉, 胡秀荣, 薛娇. 2012. 对科教融合的几点认识——中国科学院院士、南京大学教授吴培亨访谈 [J]. 中国高校科技, (12):10-13.

欧阳自远, 吴文仙. 2015. 科普工作是科学家的社会责任 [J]. 当代贵州, (13):22-23.

杨英. 2009. 借鉴国外科技教育经验发展青少年科普事业 [J]. 科技通报, 25(4):534-540.

# 对低龄儿童天文科普教育的实践和研究

韩晓红　宋华刚
中国科学院新疆天文台

不同阶段的孩子有不同的敏感期，比如0～3岁是语言的敏感期，0～6岁是空间的敏感期。研究表明孩子从5岁左右开始进入天文的敏感期，这个兴趣会持续到12岁左右。国内小学的自然课本中也有关于太阳系及太阳系天体的课程。中学的地理课本中也有关于天文的知识点。但是目前国内对于天文的培训主要集中在小学的高年级及中学，而西方一些发达国家从幼儿园开始就有天文课程。

新疆天文台作为新疆地区唯一的天文研究机构，在天文科普教育中做了大量的工作。新疆天文台每年开展形式多样、内容丰富的天文科普教育活动，特别是对低龄孩子，进行了一系列的天文培训的实践和研究工作。从2016年至今，新疆天文台招收了800多名低龄学生参加天文科普的系列培训。学生的年龄段主要集中在幼儿园大班、小学一年级及二年级，三年级以上的学生人数占总人数的20%以下。新疆天文台进行了基础、初级、中级、高级班的系列实践课程教学，在此实践基础上结合一些教育理论、小学课本，开发了一套专门针对低龄儿童的探索宇宙系列天文科普课程。通过教学实践，不仅获得了对低龄儿童进行天文科普的经验，同时也取得了比较好的教学成果和社会反响。

通过这几年探索宇宙科普班的讲学，得到一点经验和心得，在这里跟大家一起探讨。

## |提高家长对天文科普教育重要性的认识|

天文学是六大基础学科中唯一没有被列入中小学课程体系的学科，再加上中考、高考也没有相应的考试，这导致很多家长对天文不重视。为此，新疆天文台开设了公益课程，讲解一些简单生动的天文知识，在课程最后用半个小时的时间给家长介绍天文课将会给孩子带来的改变、国内外的一些天文竞赛及国内外有天文专业的大学情况，让家长了解天文对孩子发展的作用。

很多上过课的孩子给其他孩子讲课，让家长亲眼看到了学习天文后孩子的改变；很多家长因为看到别人家孩子的成长，加上自己的孩子也感兴趣，也会选择让孩子上天文科普课程。

采用学校和社会结合的方式，我们会到学校给学生做报告，同时也举办了新疆中小学天文奥赛，让更多的学生了解天文，同时通过对学校教师的培训，提高了新疆地区教师的天文科普水平，懂天文知识的教师越来越多了，这在一定程度上也促进了新疆天文科普的发展。

## |提高学生的学习兴趣|

### ⚛ 让家长也参与到课程中来

对于低龄孩子，如幼儿园大班和学前班的孩子，我们采用了孩子与家长一起听课的亲子模式。通过这种方法，我们发现其实家长也不比孩子了解多少。家长通过我们的课堂了解了相关的知识，孩子也愿意与家长一起学习。

对于一年级及以上年龄比较大的、已经有一定纪律性和自觉性的孩子，我们采用的是孩子听课后给家长讲课或者给自己的朋友及同学讲课的方式。通过这种方式，一方面可以增加孩子的自信，另一方面也锻炼了孩子的表达能力，使孩子在复习相关的知识之余，也让更多的孩子了解了相关的天文知识。

### ⚛ 不断提高讲课水平，上课形式也需丰富多样

在教学上，我们采用了更贴近生活的语言，采用打比方等方式，让孩子理解并且轻松记住知识点。采用游戏、手工、亲身实践的模式，让孩子在不知不觉中记住学到的知识。比如我们讲陨石课程就先讲一些知识，然后到陨石馆边参观边讲解，让学生在一个良好的氛围中学习。

### ⚛ 采用精神加物质奖励的方式

精神奖励：孩子都喜欢得到表扬，我们在教学中尽量采用正面的树立榜样的模式，批评是比较少采用的方式。在表扬中，很多孩子树立了信心，一些比较胆小的孩子也会积极发言。

物质奖励：我们每次上课有盖章，只要学生上课没有迟到就会赢得一个章，完成课后布置的作业（给家长和小朋友讲自己学到的知识是每次必须完成的作业）视情况盖章。

我们发现奖励的方式有助于孩子保持长久的兴趣。

### ⚛ 培养科普小志愿者

为了缓解科普人员的不足，以及提高孩子的望远镜观测理论和实践水平，我们对其中的一些孩子进行了星体观测及望远镜观测方面的

培训。在一些大型的活动中，这些小天文科普志愿者发挥了重要的作用。

### ❀ 反转课堂的利用

我们设立了让孩子自己讲课的课堂，1个月1次，每次设立1个题目，孩子可以讲自己在课堂上学到的知识，也可以讲自己自学的知识，家长和其他学生在后面当观众。通过这种方式，进一步提高了孩子的语言表达能力和学习天文的热情。

## | 应用多种教学方法，让孩子享受课堂生活 |

### ❀ 比喻和拟人相结合的方式

在讲解太阳系的时候，我们把整个太阳系比喻成一个大家庭，太阳是"家长"，八大行星是"孩子"。水星是八个行星中"个头"最小的，戴着墨镜就是怕被太阳晒着。水星距离太阳最近，我们称它为"太阳最疼爱的小儿子"。金星是太阳系中温度最高的行星，表面温度可以达到400多摄氏度，我们就说金星表面可以炸油条了。土星密度小，我们说土星像是戴了游泳圈，如果把它放在足够大的海洋里会漂浮上来。我们将卫星比喻成行星的"保镖"。冥王星是矮行星，我们将它比喻成"孙子"。彗星有尾巴，所以我们比喻它成"太阳的女儿"，靠近太阳时"头发"短，远离太阳时"头发"就变长了……通过这些比喻，我们发现孩子很喜欢，并且记得也很牢。

### ❀ 视频加图片的形式

因为孩子年龄比较低，很多都不识字，尤其是对于幼儿园的孩子，我们几乎全部是以视频加图片的形式上课的。视频主要来源于网络，幼儿园组视频长度一般为1~5分钟，小学组的最长时间不能超过10分钟。小学组会有部分文字，对于文字我们尽量做到少而精，字体大一些，方便小学生自己阅读。通过对视频和图片进行讲解，孩子很容易明白，印象也会更深刻。

### ⚛ 把难懂的知识与生活中的事物联系起来

其中的一个案例是我们讲八大行星体积大小的时候，我们一开始向孩子展示了一张太阳系图片并向他们讲授相关知识，孩子怎么也记不住。后来我们换了一个思路，将八大行星根据大小以水果做比喻，大西瓜是木星，个头最大；土星大小第二，是柚子；水星是胡椒粒，个头最小……当然也会告诉孩子，通过食物大小对比只是大体表达出八个行星的大小关系，不是严格按照比例描述。

### ⚛ 望远镜观测

我们在观测前讲解了望远镜的使用方法，孩子通过望远镜看到了太阳的"脸"和太阳"脸"上的小黑点——太阳黑子，月亮"脸"上坑坑洼洼的环形山，带着光环的土星，以及有花纹的木星，木星的4颗卫星也看到了。望远镜观测是孩子特别喜欢上的课程，并且我们还有望远镜组装调节课程，开始是教师调节，后期是孩子自己调节，极大提高了孩子的学习热情。

### ⚛ 手工制作

每节课基本都有手工制作，一方面使孩子巩固了知识，另一方面也提高了孩子的学习兴趣。

### ⚛ 通过游戏了解知识

对于学龄前儿童，我们设置了太阳系自转公转的游戏，选择3个小朋友，一个扮演太阳，一个扮演地球，一个扮演月球。

对于小学生，我们设置了了解八大行星和小行星带距离太阳远近的游戏。水星、金星、地球、火星、小行星带、木星、土星、天王星、海王星依次到太阳的距离满足 4∶7∶10∶16∶26∶52∶100∶196∶388 的关系。游戏规则是选 10 个小学生，以第一个学生为中心（太阳），其余 9 个学生根据以上比例依次走到各个星球的位置上。通过步行，让学生亲身感受太阳系之浩瀚、星球间的距离之空旷。

另外，我们还有关于月相成因的游戏，以及有关星座的你来摆我来猜等游戏。很多游戏都会逗得孩子哈哈大笑。

我们针对低龄孩子的天文科普是一次很好的实践尝试和研究，总结了以下经验。

1. 针对学龄前儿童，可以让孩子和家长一起参加活动，采用亲子模式。对于小学生，可以采用自己独立听课回家给家里人讲学到的知识的模式，这种方式可以有效地提高孩子的学习热情，也能让家长了解孩子的学习情况。

2. 视频和游戏更能让学生产生兴趣，寓教于乐。

3. 给学生讲课一定要采用深入浅出的方式，多用生活中的例子作对比，帮助学生学习。

4. 上课采用盖章奖励形式，对于多发言和完成课后作业的学生进行奖励，并且后期可以兑换奖品，这种方式也极大地提高了学生的学习热情。

# 发展行星科学
# 培养深空探索追梦人

宋玉环　魏勇
中国科学院地质与地球物理研究所

20世纪六七十年代,欧美等国家发起的第一次国际深空探测热潮催生了行星科学的诞生。作为一门学科,行星科学主要是研究太阳系内外行星、卫星、彗星等天体和行星系的基本特征、形成和演化过程的一门科学。行星科学是现代自然科学体系中交叉面最广(几乎涉及所有自然科学门类)、与工程技术结合最紧密、迭代发展速度最快的新兴交叉学科,是国际基础研究竞赛的核心领域。

在深空探测国家战略需求的牵引下,中国科学院大学带领国内相关高校共同开展行星科学学科建设工作,培养中国的深空探测追梦人。

## |深空探测催生了行星科学|

有着"现代科学之父"和"行星科学之父"尊称的伽利略,通过望远镜观测,发现了太阳和月球表面存在突起和斑点,木星有卫星陪伴。伽利略的发现,为人们探索太空提供了许多遐想,也使自然科学的研究范围超越了地球及周边，走向了行星乃至宇宙。

1883年，现代宇航学奠基人、苏联科学家康斯坦丁·齐奥尔科夫斯基提出了火箭发动机推力公式，曾预言："地球是人类的摇篮，但人类不可能永远被束缚在摇篮里。"

20世纪初，德国科学家冯·布劳恩研制出了能将物体送进太空的V2火箭。第二次世界大战后，美国和苏联分别在这种火箭技术上进行了轨道飞行试验。1947年，美国人将一架相机安装在截获的V2火箭上，并发射到100千米的高空，人类第一次从高空俯看了我们赖以生存的蓝色地球。自此，有了"行星地球"的概念。1957年10月4日，第一颗人造地球卫星发射，这是人类开展深空探测的第一步。

20世纪60年代，美国的"阿波罗登月计划"共分6次，将12名宇航员送上月球，科学家利用带回的382千克月壤，开展了大量的科学实验。载人登月计划的巨大成功，形成了极大的公众影响力，培养行星科学人才的热潮随之到来。

此后的几十年，人类向太空发射了上百颗探测器。探测发现：水星表面没有大气，温度高，温差大，有明显的磁场；除太阳和月球之外，金星是夜空中最亮的天体；火星被认为与地球的演化经历可能最相似；太阳系内最大的星球是木星，是地球体积的1300倍；土星有两个漂亮的土星环。探测还表明：天王星表面很暗；海王星离太阳最远，也是太阳系最冷的地方。

1957年，范艾伦通过美国"探险者1号"卫星发现了空间中最著名的"范艾伦辐射带"，因此成为历史上唯一获得克拉福德奖的空间物理学家。此前，苏联也发现了这个辐射带，但是仅认为是仪器问题而错失了这一伟大发现。正是在深空探测的进程中，科学家不断发现各种科学问题，从而催生了行星科学的诞生。

20世纪60年代，苏联除了对月球进行探测外，还实现了十多项的首次探测，如第一次金星探测（1961年）、第一次火星探测（1962年）、第一次火星表面成像（1971年）、第一次金星表面成像（1975年）。以金星探测为例，人类迄今为止8次金星表面成功着陆全部由苏联完成。但是，探测任务多，失败率高，经费负担重，人才后继乏力，加上国家政治环境不稳定，苏联的深空探测走向衰落，美国拥有了深空探测的话语权。

美国"阿波罗登月计划"在实施过程中，参与人数达30万人之多，涉及企业上万家、大学和科研机构几百所，该计划催生了众多的新兴行业，带动了一大批高科技工业产业的发展，国家的国防实力和综合国力得到加强。近些年来，欧盟、日本、中国及印度等地区和国家在深空探测领域的崛起，使得国际深空探测竞赛的格局发生了巨大变化。所以，深空探测已经成为衡量一个国家科技实力和综合国力的重要指标。

从1970年发射第一颗人造地球卫星，到"嫦娥工程"的成功实施，以及"天问一号"火星探测器的成功发射，标志着中国已成为深空探测大国，在第二次深空探测热潮中成为最受世界瞩目的国家。

## | 人才培养是行星科学发展的原动力 |

党的十九大报告明确了深空探测为国家战略，随后制定了2035年之前的十多项深空探测计划，目标包括月球、火星、木星、彗星、小行星、太阳系边界等。我国深空探测任务多、周期长、目标大，要求行星科学人才队伍规模大、传承快、水平高。深空探测迫切需要相应的人才支撑。

美国和苏联对深空探测人才的态度,决定了其日后在深空探测竞赛中的结局。第二次世界大战后,美国和苏联同时截获德国 V2 火箭,但是苏联和美国的做法却有着巨大的差别。苏联将火箭的全部零件拆开,采取复制的模式,直接按照 V2 的生产模式制造探测器,所以苏联在太空竞赛初期优于美国。而美国,则是在第二次世界大战后招募了 V2 火箭设计者冯·布劳恩及其他 100 多名科学家,这些科学家在日后的美苏太空竞赛中,奠定了美国的人才优势。

冯·布劳恩是德国 V2 火箭的主要研制者,美国"阿波罗登月计划"的主要负责人,为美国深空探测做出了重要的贡献。1958 年,NASA 成立后,冯·布劳恩作为美国总统空间事务顾问,主要负责"阿波罗登月计划"。所以说,冯·布劳恩作为"头脑财富",是美国深空探测成功的重要原因。

科学家意识到月球这种岩质星球,需要不同的探测方法和技术,需要利用深空探测数据来发展研究行星的新方法和新思路。美国亚利桑那大学是世界上最早成立月球与行星实验室(1960 年)和最早设立行星科学系(1972 年)的大学。其办学模式就是典型的"科教融合"模式,即科学家既搞科研,也参与教学;研究生也是双重身份,既参与深空探测的研究,同时也完成自己的学位论文,教学和研究都是围绕深空探测的任务展开的。

如今,美国、英国、荷兰和日本等国家的多所大学的"地球科学学院"更名为"地球与行星科学学院",这些机构培养了大量深空探测人才。

习近平总书记在 2020 全国研究生教育大会的重要指示中强调要适应党和国家事业发展,培养造就大批德才兼备的高层次人才。所以,在关键、核心技术领域,中国要有自己的人才培养特色和学科体系。

行星科学作为最具有交叉学科特色的一门学科，肩负着培养我国深空探测人才培养的重要使命。

## 中国科学院大学迈出行星科学一级学科建设的"一小步"

白春礼院士在中国科学院第十九次院士大会上指出："不忘科技报国初心，牢记科技强国使命。"中国科学院大学意识到，迅速建设行星科学一级学科，是服务和支撑国家深空探测重大战略需求、赶超和引领自然科学发展潮流的重要举措，是中科院的初心和使命的最好体现。

2020年全国研究生教育大会后，"集成电路"成为交叉学科门类下的一级学科，显示出国家在培养关键核心技术人才、关键零部件"掐脖子"人才方面的决心与态度。所以，培养中国自己的深空探测人才，服务国家深空探测战略，行星科学一级学科建设工作适逢其时。

地球科学学院是中国科学院大学最早成立的一个基础学院，承担着我国地球科学领军人才培养的重任。2018年2月，具有40年历史的中国科学院大学"地球科学学院"正式更名为"地球与行星科学学院"，也是目前国内唯一一个把行星科学作为主要教学和研究内容的学院，旨在开启行星科学人才培养的探索。

在新形势下，中国科学院大学于2018年12月开启"行星科学一级学科建设"的论证工作，并得到全国20余所高校行星科学相关领域专家学者的大力支持。2019年1月，中国科学院大学第四届学位会第11次会议正式批准行星科学一级学科开展培育工作。2019年7月，中国科学院大学牵头成立了中国高校行星科学联盟，联盟以加快建设行星科学一级学科为己任，得到了教育部、自然科学基金委、中科院、国家航天局等相关部门的大力支持。

中国科学院大学坚持以科教融合为指导思想的学科建设思路,与国际上通行的行星科学人才培养模式高度契合。2020年9月,中国科学院地质与地球物理研究所率先招收10名行星科学研究方向的研究生,包括行星空间物理学5人、比较行星学1人、天体生物学两人、行星内部物理学1人、行星化学1人。

50多年前,美国宇航员阿姆斯特朗登上月球,面向全世界发表演说:"这是我个人的一小步,却是人类的一大步。"也正是这一年,美国成为第一个拥有行星科学学科的国家。面向国家深空探测战略需求,中国科学院大学主动迈出的这"一小步",是中国科学院大学的初心和使命。我们相信,通过带动各相关高校共同努力,这"一小步"必将成为实现中华民族伟大复兴的"一大步"。

**参考文献**

本书编委会. 2018. 新时代再启航——中国科学院大学地球与行星科学学院四十年历程(1978-2018)[M]. 北京:科学出版社.

戎昭金,万卫星,崔峻,等. 2019. 我国行星物理学的发展现状与展望[J]. 中国科学院院刊, 34(7):760-768.

宋玉环,魏勇. 2020. 从地球到行星[J]. 现代物理知识, 32(2):13-17.

万卫星,魏勇,郭正堂,等. 2019. 从深空探测大国到深空探测强国[J]. 中国科学院院刊, 34(7):752-755.

王永生, 赵东明. 2017. 从加加林首飞到国际空间站和深空探索——载人航天发展历程和未来主要发展方向[J]. 载人航天, (8):63-70.

魏强, 胡永云, 2018. 木星大气探测综述[J]. 大气科学, 42(2):890-901.

魏勇, 朱日祥. 2019. 行星科学:科学前沿与国家战略[J]. 中国科学院院刊, 34(7):756-759.

吴福元, 魏勇, 宋玉环, 等. 2019. 从科教融合到科学引领——中国特色的行星科学建设思路. 中国科学院院刊, 34(7):741-747.

# 教育实践探索
# 让网络课堂和科学教育有效融合

王岩庆
中国科学院空天信息创新研究院

## 公众科学日直播趣味科学实验

2020年5月23日,由中国科学院空天信息创新研究院(以下简称"空天院")主办的"云游空天院 圆你'空天梦'"——中科院第16届公众科学日活动在空天院新技术园区举行。受新冠肺炎疫情影响,本届公众科学日首次采取线上直播的形式,这场关于空天信息的"云游"之旅,吸引了数万名观众在线观看。本届公众科学日通过视频直播开展趣味科学实验,由科学家介绍科学原理和知识,让学生近距离接触神圣的科学殿堂,感受空天信息科学的奥妙,领略空天信息技术的魅力。

本次直播由教育处王岩庆组织并串场主持,在开始阶段介绍了空天院的整体情况和任务布局。空天院是在中国科学院电子学研究所、中国科学院遥感与数字地球研究所、中国科学院光电研究院3个科研院所的基础上整合组建的。空天院致力于空天信息系统平台、载荷、器件、数据接收、数据处理、信息应用的全链条创新研究,总部在北京共计 14 个园区。空天院聚焦国家战略需求，以重大产出为目标。

空天院承担着中科院战略性先导科技专项（A 类）"鸿鹄专项"的研发任务。空天院承担研发的航空遥感飞机，在资源环境监测领域发挥着重大的作用。地球大数据工程将先进有效的地球大数据技术作为联合国促进可持续发展目标实现的科技支撑。无论从太空中对地观测的天眼到星载 SAR，从"嫦娥四号"测月雷达到北斗导航系统，从万物互联的传感器到空间行波管、速调管，都离不开空天人的身影，空天院从来都是以探天测地这样的国家重大需求作为职责所在。直播活动中，通过气球和飞艇模型介绍临近空间科考活动，趣味科学实验环节是组装简单的飞行器模型——"飞天泡泡"。

## | 临近空间浮空器科普知识介绍 |

来自空天院十部的两位科研工作者作为主播负责直播间的专业讲解。讲解开始的时候介绍了典型的浮空飞行器，这些都是空天院浮空器研发中心的研究成果。由于直播场地的限制，无法带来浮空飞行器的实物，因为科研用的浮空器的体积一般都非常庞大，最长的平流层飞艇可以超过 100 米，而世界上最大的飞机——乌克兰的安 -225 运输机，长度是 84 米。因此，主播准备了几种浮空器的缩比模型，并做了逐一介绍。

首先是对临近空间的介绍。临近空间通常指距地面 20～100 千米的空域，介于飞机最高飞行高度与空间轨道飞行器最低飞行高度之间，是从航空区域向航天区域过渡的区域。这一空间距离我们并不遥远，但飞机上不去，卫星下不来，可用的飞行平台非常有限，探测手段匮乏，尚有许多未解之谜等待我们去探索。

临近空间的神秘发光现象、蓝色喷流等现象、大气科学家关心的红色精灵、青藏高原烟囱效应对全球气候的影响、地球生物的起源是否与临近空间有关等问题,目前都还没有建立起解释这些现象或问题的理论体系。为此,中科院启动了"鸿鹄专项",将突破一系列关键技术,研制重载浮空器、持久驻空超压浮空器、可复用动力浮空器、球载临近空间太阳能无人机系统、临近空间中高层科学探测平台等三类5型实验平台,构建临近空间科学实验系统,提升临近空间环境认知水平,在探索地球生命起源,拓展人类活动领域,提升临近空间应用保障水平,支撑临近空间利用等方面发挥示范带动作用。

其次是对飞艇的介绍。飞艇作为一种浮空飞行器,它与气球最大的区别在于具有动力推进和飞行控制系统,艇囊内充轻于空气的气体,其产生的浮力提供飞艇主要升力,动力推进系统提供飞行动力。飞艇根据飞行高度,可分为中低空飞艇、平流层飞艇。飞艇具有可垂直起降、定点飞行、滞空时间长、载重量大、效费比高等特点。

临近空间飞艇作为一种临近空间浮空平台具有巨大的应用前景,可广泛应用在对地观测、通信中继、空间探测和科学研究等领域。若能实现长期定点飞行,平流层飞艇将是除地球同步轨道之外唯一可以定点的平台。中科院部署的临近空间飞艇关键技术研究、试验飞艇研制等项目已取得阶段性成果,已完成了一系列飞艇研制和飞行试验。

最后是对高空气球的介绍。现代高空气球是随着空间科学的进步而发展起来的一种高空运载工具。作为飞行在平流层高度(30~40千米)的无动力飞行器,高空气球具有飞行高度高、成本低、准备周期短、实施灵活等其他飞行器所不具备的特点。世界上一些发达国家从20世纪六七十年代起相继开始大规模发展高空气球技术,使高空气球成为一种与火箭、人造卫星等飞行器并驾齐驱的，可以进行大气和空间科学研究的运载工具。

经过20多年的发展，目前我们的高空气球技术已经比较成熟并达到一定的水平。气球体积形成了从3万立方米到40万立方米的系列，最大可制造60万立方米的气球，发放能力达到2000千克，飞行高度40千米。1990年，实现了从我国北方到俄罗斯西南部的长时间飞行，飞行时间72小时，飞行距离4000多千米。同时，我们还具有实施中小规模气球系统的流动发放能力。20多年来，我院的高空科学气球系统应用于多学科的实验研究。

| "飞天泡泡"展示浮空魅力 |

直播趣味实验活动给大家展示了一款非常可爱的浮空器，即飞天盟主——"飞天泡泡"，通过组装及演示其飞行的过程，介绍浮空器的基本原理。

两位科研主播从"飞天泡泡"的充气开始讲起，浮空器内部是惰性气体氦气，其实氦气最主要的用途并不是在浮空器领域，而是在医疗领域。医院的核磁共振仪里面有超导材料，需要液氦冷却，液氦的沸点非常低，是最好的冷却材料。因为氦气基本上属于不可再生资源，所以价格比较贵。一般来说，氦气的价格是氢气的100多倍。同时主播提醒小朋友，最好不要玩街边小贩卖的那种飘浮玩具气球，这些气球大多数用的是氢气，易燃易爆，非常危险。

组装"飞天泡泡"有两个地方最关键：一个是充气，另一个是配平。浮空器的原理就是靠空气浮力提供升力，我们之所以用氦气，就是因为氦气的密度比空气低很多，根据阿基米德定理，气球受到的浮力等于它排开气体的重力,向上的浮力减去氦气的重力和囊体其他附件的重量,就等于升力。"飞天泡泡"的浮空飞行,最重要的就是要配平到浮力刚好等于重力,可以通过配重磁铁块来调节,这样"飞天泡泡"就可以悬浮到空中。

大家都认为气球肯定是浮力大于重力的,所以才一直往上飞,其实恰恰相反,一般充气操作是重力略大于浮力,依靠螺旋桨的推力最终克服重力升空。飞艇如果一直浮力大于重力,那落地就困难了,如果再来一阵大风,那就麻烦了。"飞天泡泡"也是如此,它有一双可爱的小翅膀,所以它并不是纯粹的气球,它还借助翅膀的挥动来提供升力,就像小鸟挥动翅膀一样,所以它具有扑翼机的特征。

浮空扑翼混合动力飞行器——"飞天泡泡"已经组装完毕,就可以进入展示环节了。在手机上已经提前装好控制飞行的软件,通过蓝牙来操控"飞天泡泡"的翅膀。通过操控键,可以使"飞天泡泡"向上、向下、左右旋转,操控模式非常的简单,容易上手。

在直播的最后,当观众问到浮空器有什么独特魅力的时候,两位主播是这样回答的:浮空器非常特殊,它的飞行非常优雅、安静,空天院的科研团队曾经做过一个项目,在可可西里地区用系留气球观测藏羚羊的夜间活动情况,浮空器安静地驻停在空中,通过科学考察仪器设备观察着远处羊群的一举一动,这是其他飞行器无法比拟的。因为藏羚羊非常胆小敏感,一有风吹草动,它就会逃跑。

| 案例小结 |

通过妙趣横生的实验演示,深入浅出的科学讲解,直播科普课程介绍了气球、飞艇等浮空器及其承担的科学实验任务。通过现场的实

验操作,揭开"飞天泡泡"的神秘面纱,"飞天泡泡"的浮空原理基于阿基米德定律,并通过手机蓝牙控制一双小巧的翅膀,调整其在空中的位置和姿态。当"飞天泡泡"在空中"卖萌"地飞行时,共吸引3.4万余名粉丝在线围观。观众纷纷留言,表达了对这位"飞天萌主"的喜爱。活动还策划了问卷抽奖等环节,幸运的观众可以获得空天院提供的精美礼品。

空天院首次采取线上形式开展公众科学日活动,通过一场"科学云体验",向社会介绍航空航天遥感的科学知识和成果,展示空天信息技术在不同领域的应用,激发大众尤其是青少年对空天科学的关注和兴趣。

# 因地制宜地开展科学教育课程
## 以兴凯湖湿地夏令营为例

李 爽
中国科学院东北地理与农业生态研究所

湿地科普教育是以湿地及其周边水系为场所进行的科学普及、促进知行合一的教育活动。为达到宣传湿地相关知识、刺激思考及湿地保护理念知行合一的教育目的，在科学活动中主动融入寓教于乐的设计，使科学性的探讨能够吸引中学生的关注与参与，及早培养喜好自然科学与人文学科兼顾的兴趣，及早打开跨领域学习的眼界及养成主动学习的习惯。有鉴于此，兴凯湖湿地科普夏令营较少举办传统制式型的知识性讲座，也不以知识记忆为主的学习单形式来考核学习成效。

## | 认识兴凯湖湿地科普夏令营 |

夏令营所在的兴凯湖自然保护区，属内陆湿地和水域生态系统保护区，是三江平原重要的湿地分布区，湿地类型多样，原始湿地面积近40000平方千米。该地区有高等植物691种、鸟类285种、鱼类59种，其中国家一级保护野生动植物近 20 种，体现了该地区原始生态系统的完整性，保持了我国东北地区三江平原野生生物种类的丰富性和多样性及特有的遗传性，是绝佳的湿地科普基地。

夏令营依托中国科学院兴凯湖湿地生态研究站，隶属于中国科学院东北地理与农业生态研究所，位于黑龙江省兴凯湖国家级自然保护区。夏令营的指导教师均为东北地理与农业生态研究所的青年科研人员，有丰富的湿地研究经验和野外工作经验，为夏令营的举办提供了有力的保障。

## | 科普活动的意义 |

兴凯湖科考夏令营活动主要针对中学生，以此提高学生的基本科学素质，丰富和活跃学生的暑期生活。目前，大多数城市中的中学生只能通过书本中传达的知识了解湿地，而对于湿地的现状，自然条件下的生长过程、生长条件，湿地动植物的种类、特征，通过调查、分析等科学手段明确各种环境条件与湿地的关系等方面缺乏实地了解。通过在兴凯湖湿地生态研究站参加暑期夏令营活动，经过影音资料的宣传，科学家的介绍，野外实地考察及科学家的亲自辅导，深入自然，深入国家自然保护区，学生能够了解湿地的功能及重要性、鸟类的种类及迁徙习性、植物的分类及特征、动植物标本的制作过程、土壤的分类及理化指标的简单分析过程和各指标的含义；亲身体会中科院科学家的科研工作过程，了解科研工作的目的及项目的意义；与科学家共同编写考察报告，经过科学家的指导，学会编写科研论文的流程及思路，激发科研兴趣，培养严谨的科学精神，明确学习目标，形成持久的科研兴趣。学生能够亲历一个完整的科学研究——理解科学研究过程和科学家素养—对科学研究和成为科学家感兴趣—立志投身科学研究和成为科学家,为人类可持续发展做出卓越贡献过程。

## |科普活动设计|

夏令营以实地考察的体验式教育为主,指导教师主要由东北地理与农业生态研究所、兴凯湖湿地生态研究站的科研和管理人员组成。科普活动主要内容包括以下几个主题。

### 了解兴凯湖湿地保护鸟类状况

了解丹顶鹤、白鹳、天鹅、白枕鹤和白尾海雕等国家重点保护的鸟类在兴凯湖地区的数量变化、迁徙情况等。实地观察一种或几种鸟类的数量和栖息情况。

### 了解兴凯湖湿地环境和生态保护

了解内陆湿地生态系统的特点,兴凯湖湿地生物多样性保护情况。

通过采集植物、土壤标本或样方调查,实地考察湿地土壤、植被情况。

调查保护区内是否存在环境污染和破坏情况,提出针对性建议。

### 进行非研究性质的考察活动

学生需要根据自己的分组情况和教师的安排,选择合适的课题进行科学考察活动,记录数据、仔细分析并得出结论。根据以上研究内容,撰写研究论文或报告,撰写兴凯湖保护区的管理建议,并提交给保护区管理部门、科研部门或当地政府。优秀研究报告将发表在科普科技类刊物上。

夏令营按照学生的兴趣分成气象组、鸟类组、植物组3个组,深入兴凯湖站试验场。气象组实地接触气象场的各种设施,了解各种设备的名称、功能及数据的记录方法，要求每天记录大气压、风向、风速、降雨量等观测数据。

鸟类组在教师的指导下，对野鸭、凤头䴙䴘等鸟类进行近距离观察，掌握各种鸟类的主要特征，并在保护区工作人员的指导下，对鸟类进行环志，记录环志的号码，了解环志的作用和基本的操作方法，最后对环志的鸟类进行放飞，在掌握知识的同时，体会到人类与动物和谐相处的愉悦心情。

植物组在教师的带领下，首先参观兴凯湖植物的展示板。该展示板详细介绍了近40种兴凯湖当地植物的名称、生理特征和生长环境，使学生对各种湿地植物有了初步的直观印象。然后，参观东北动植物保护展示长廊。该长廊详细介绍了在人类活动和气候变化的影响下东北濒危及消失的动植物种类和对人类生活产生的影响，使学生认识到保护野生动植物的重要性。最后，学生来到兴凯湖岸边的湿地，对展板上了解到的植物种类与野外条件下的植物种类进行直观比对，进一步了解湿地植物的形态和生长条件等。

## |科普活动中的科学及人文意义|

本次活动的主轴是探索兴凯湖流域湿地与人类生产、生活的联系，其中的科学及人文意义简述如下。

### ◎ 感受人文气息，弘扬爱国主义精神

兴凯湖流域饱含着王震将军的事迹和北大荒精神，在野外考察和参观中可将这些精神通过讲解的形式贯穿其中，教师会带领学生回顾那段难忘的历史，使学生感受到20世纪50年代王震将军率领10万转复官兵开发北大荒的辉煌历史、开拓先行者艰难的创业过程和北大荒

半个多世纪的辉煌业绩,以及北大荒人舍小家为大家的爱国情怀,进一步激发学生的爱国热情。

实地参观爱国主义教育基地,即二战终结地——虎头要塞。虎头要塞是日本关东军在中国东北东部中苏边境上的一个军事基地,是日本帝国主义侵华期间留下的极其重要的罪证之一。

在科普教育的同时,学生走进红色课堂,传承红色基因,感悟红色文化,在主题活动中增进爱国情感,激发爱国热情。

**⚛ 引导学生进行启发探索性思考**

活动设计的主轴是探索兴凯湖流域湿地与人类生产、生活的关系,透过参访,体验科学活动。方法上,没有前置的授课讲演,也没有事先发放给学生学习的材料,全程强调培养学生的观察能力,避免学习材料对学生学习能力的限制。

本次活动采取小组形式,在野外调查中需制作采集工具,现场测量记录,野外工作的时候需要小组成员互相关照,对知识进行讨论和交流。但是不论是野外生态观察,还是专题小组讨论,都是不给答案的探索式设计。指导教师引导学生进行观察,提示学生观察现象然后以图或者表格等形式呈现。经由一系列的引导、探索,获得对观察事物的理解。在这个探索过程中,指导教师、学生及外在环境充分互动,是学习浸润于以自然为师、师长为鞭策、同学相互切磋的多元启发中。

**⚛ 绘制生态地图和文化地图**

制作地图在于扩展学生关注的层面,刺激科学与人文的双重思考,并不在于当下作品产出。学生通过在野外考察途中绘制生态地图与文化地图,能够深入了解环境与文化发展的变化,包括水资源、生物资源、村民农耕生产及收成的演变等,更好地了解湿地作为"地球之肾"的重要作用和人类活动对湿地的深刻影响。

### ◎ 体力训练

健康的体魄是一切事业的基础。很多活动都在野外实施,让学生在泥滩地走动、爬山、沿溪步行、村落踏察,倡导减少使用手机。

# 山地科学体验式科普教育模式
## 一种适合青少年的科普新模式

**胡 颖**
中国科学院、水利部成都山地灾害与环境研究所

山地科学体验式科普教育模式,立足我国作为世界上最大的山地国家的地理国情,聚焦我国山区面临的防灾减灾、生态环境保护、山区振兴等紧迫性、战略性问题,旨在通过丰富多彩的活动,引导学生认识山地空间、了解山地科学,培养科学情怀与素养,激发他们对山地科学的浓厚兴趣和实践能力,进一步促进人类更好地认识和改造生存空间。

**| 山地科学体验式科普教育模式的设计思路 |**

我们按照认知体验—实践反思—总结提升的思路,设置了参观科技展厅和实验室、大师科学报告、防灾减灾体验、野外科考实践、动手小实验、交流总结等活动环节。首先,学生通过聆听科普报告和参观中国科学院、水利部成都山地灾害与环境研究所(以下简称"成都山地所")科技展馆、山地灾害模拟实验厅、省防灾减灾教育馆等,

对我国山区和山地灾害产生基本认识。接着，前往成都5·12汶川地震震中遗址等地进行野外科考实践，加深前期的科学认知和体验感受。随后，学生在科学导师的指导下自主设计、协同操作，共同完成无人机减灾低空遥感、成灾水土要素分析、滑坡砂土加固工程设计、泥石流防治坝体工程设计等动手小实验，培养面对复杂环境时的分析判断能力，提高学习思考能力和实践动手能力。最后，通过总结和反思所学所感，丰富科学梦想，树立协同分工、团队合作的意识。

此模式可根据参与学生的知识水平高低和参与时间的长短，进行不同活动组合和难易度调整，适合中小学学生和爱好科学的公众参与，活动时间1~7天不等。

## |山地科学体验式科普教育模式的设计与实施|

根据上述设计思路，山地科学体验式科普教育模式共有三大核心环节，接下来对这三个环节的设计和实施进行分别阐述。

### ⚛ 认知体验环节

经过调研，我们发现大部分学生在参加科普活动之前，感觉科学技术遥不可及，研究所和科学家都充满着深奥又神秘的色彩。因此，我们在设计活动的时候，第一步就是带领学生走进研究所，走近科学家，揭开科学的神秘面纱。

首先，学生在科学导师的带领下参观成都山地所科技展馆和山地灾害模拟实验厅。通过实地参观和听取讲解，学生能够了解中国地形及山地灾害的分布、成都山地所的发展历史、山地科学主要研究成果等内容。在实验大厅，学生还能学习到泥石流的发生原理和过程，并观摩正在进行的科学实验。这是学生走进科学的第一步。

接下来，就将步入理论学习。与科学家面对面是走进科学的重要一环，我们会根据每次活动的主题邀请不同领域的科学家来做大师报告，与学生进行交流。

除了大师报告，我们还会邀请2~3名青年科技工作者，与学生近距离交流。他们与学生的交流将会更加轻松有效，交流话题包括结合自身成长和科研经历、与学生探讨求学中的困惑、理想的建立和实现等贴近学生学习和生活的话题。

紧接着就进入野外科考环节。学生将结合大师报告、参观环节中了解到的山地科学基础知识，对考察现场的各种自然景观、防治工程等进行识别和深入了解。我们综合考虑选取了两个地点（5·12汶川地震震中遗址和四川省防灾减灾教育馆）开展体验环节。首先，学生将在科学导师的带领下赴5·12汶川特大地震纪念馆和漩口中学遗址进行现场参观。在地震纪念馆，丰富的文字、图片、影像资料生动地展现在眼前，近乎真实地呈现出灾难发生时的场景，使学生近距离感受到当年的大地震带来的灾难性破坏，灾区人民的自强不息、感恩奋进、重建家园的感人事迹，以及深刻理解党中央的英明决策，社会各界大爱援建的伟大精神。在漩口中学遗址，标志性的地震纪念表盘会把学生带回灾难发生之时。学生会跟随讲解员的步伐环绕一周，深切感受对生命的敬畏和对逝者的缅怀。我们还会在漩口中学遗址举行简单庄重的默哀仪式，寄托哀思。此外，作为山地科学的拓展教学，我们还将带领学生走进四川省防灾减灾教育馆，开展防灾减灾体验活动。学生将在讲解员的带领下认识地震等自然灾害的形成原理及对人类的损害，并通过体验动感影院、灾害博士幻影剧场、地震逃生体验、火灾逃生体验等特色展项，在震撼的观影与趣味的演练中深刻认识灾害。

此外，学生还将进行自救互救知识的学习和实践，学习胸外按压、人工呼吸等心肺复苏操作技能，进行逃生类的绳结技能培训，学习突发创伤时的止血包扎方法，掌握实用的防灾小技能。

### ◎ 实践反思环节

理论最终要与实践相结合，实践环节也就是动手实验、探索科学这部分，是整个山地科学体验式科普教育活动的核心部分，是真正让学生参与到科学研究中的关键一环。我们按照山地灾害孕育形成—演变成灾—运动破坏—工程治理的顺序，科学地设置了相应的实验环节。每个环节既相互独立又前后承接，让学生在认知山地灾害成灾背景和原理的基础上，探索灾害防治和躲避的方法，寻找到防灾减灾的基本规律。

动手实验环节以小组为单位，每组配备两名科学导师，按照突发滑坡泥石流灾害后开展防灾减灾和灾害防治的顺序，依次开展灾情调查、成灾原因探索、防治工程实践、减灾成效评估等科学实验。

动手实验分为无人机减灾低空遥感、成灾水土要素分析、滑坡砂土加固工程设计、泥石流防治坝体工程设计4个部分，各小组完成实验后对每个部分进行总结和评价，交流实验结论，分享心得体会。

1. 无人机减灾低空遥感——开展滑坡泥石流灾情调查

无人机低空遥感在快速评估山地灾害危害程度、制订合理的抢险救灾方案中发挥着重要作用，本部分分为无人机低空遥感基本知识讲解、无人机操作原理讲解、小型无人机模型制作、航模试飞及无人机遥感数据处理5个环节，旨在帮助学生了解无人机低空遥感基本知识，认识灾害发生后开展灾情调查的基本手段和流程。

2. 成灾水土要素分析——探索成灾原因

土壤结构是导致山地灾害的重要背景，本部分主要通过对成灾土体中气、液、固三相体积组成测定，进行土壤结构要素分析，旨在帮助学生学会观察土壤、认识土壤，学会从专业角度分析和判断土壤质地和结构，了解受灾区域土壤基本结构，探索成灾原因。

3. 滑坡砂土加固工程设计——开展灾害防治实践

岩土工程加固技术是滑坡灾害防治中的一种重要工程技术手段，本环节将通过对常见的岩土加固技术的介绍，让学生对岩土工程加固技术有直观的认识和了解，并通过动手小实验启发学生思考岩土工程加固技术的原理。

4. 泥石流防治坝体工程设计——开展灾害防治实践

泥石流防治坝体工程是以疏导泥石流过境为主的重要工程防治手段，本部分通过让学生在研究所自主设计的实景模型中，设计山区泥石流坝体工程，保护沟道两岸的居民不受山洪泥石流侵害，进行灾害防治工作模拟。

以上是4个动手小实验的实施方案。作为知识点辅助，我们还将以上科学实验的内容进行了整理，并做了适当拓展，汇编成一本学习手册，活动前提前发放给学生预习。学生在完成实验之后，还可以保存，作为开拓科学视野的课外书籍。

## ⚛ 总结提升环节

在前期活动完成之后，我们就将进入最终的总结提升环节。这个环节分为两个部分：第一部分是在动手实验的操作部分完成之后，我们即设置了分组答辩；第二部分是针对全体学生的集体总结。

在前面的动手实验环节，学生根据科学导师讲授的实验原理和基础理论，将所学理论与实践相结合、亲自设计实验方案、合作完成实验内容、分工撰写实验报告等，通过参与和完成不同类型的科学实验，可以更加深刻地体会到理论与实践辩证结合的重要性。在随后进行的分组答辩中，我们让每组成员上台进行汇报和集体答辩，让学生把在每个试验环节中的思考与其他同学和科学导师交流讨论，这对于启发学生在今后学习和思考处置问题时的独立性、系统性，培养学生科学应对和解决问题的能力都大有裨益。

最后，我们还安排了全面总结。在这个环节，我们的课程组织方、科学导师都会对整体活动进行总结和点评，并针对学生的表现提出建议。而学生则被鼓励采取多种形式进行表达展示，包括个人感言、自编自导的歌舞、寓教于乐的小品等形式，与大家分享近距离体会科学精神、感受科研魅力的所得所获。至此，山地科学体验式科普教育活动就将画上圆满的句号。

## |活动效果与分析|

本着实践出真知的理念，我们将此模式应用于一年一度的全国青少年高校科学营山地专题营实践活动，希望通过实践进行效果检验和后续改进建议。

青少年高校科学营活动是由中国科学技术协会和教育部于2012年共同发起，中科院给予支持，旨在探索高校科学营的规律、积累经验、促进科普与教育的紧密结合、教育科普资源的开发与共享。近年来，青少年高校科学营已发展成国内层次最高、规模最大、覆盖面最广的青少年科技创新夏令营，是我国科技教育中的成功案例。成都山地所自2014年起承办山地科学专题营，至今已经做了七届活动。

在山地科学体验式科普教育模式理论基本成熟之后,从2016年起,我们将此模式应用于山地科学专题营活动。每年7月,我们会带领100名来自全国各地的营员走进研究所,切身感受科研环境和学术氛围,自主设计、合作完成科学小实验,与科研人员一起探寻山地科学的奥秘。

从活动的学习效果看,通过参观考察,营员认识了我国山地现状,掌握了山地灾害基本理论;通过亲手完成试验和报告,将理论运用到具体的减灾实践,全面学以致用,激发了营员对山地科学的浓厚兴趣和科技动手能力;通过分工协作和团队研讨,提升了营员的独立思考和协同创新能力,锻炼了他们的科学思维方式,培养了开展系统性研究学习的习惯;通过参加摄影展、主题研讨等,营员分享了自己对山地的认识和感悟,自主观察学习的能力明显增强,学习的自主性和主动性得到显著提高。整个活动得到了营员和带队教师的一致好评。

从学生的整体表现看,营员对于山地专题营的形式和内容表现出了极大的兴趣。有营员表示,在参加山地科学专题营之前,感觉科学技术遥不可及,通过参加这次活动对山地知识有了更多了解和兴趣,让他们觉得科学技术就在身边,可以自己去创造、去改变。还有营员表示,以前对科学技术只是通过课本上有所了解,觉得科学深奥又神秘,无法触碰,参加山地科学专题营之后,改变了对科学技术的看法。比如,在无人机科学小实验课堂上,教师向营员介绍了无人机的原理和构成方式,还让他们亲手组装并试飞,这让他们对科学技术更加好奇与向往。同时,营员在专题营期间也认识和结交了一批新的朋友,找到了志趣相投的学习伙伴。这也是活动衍生的一大收获。

从科学导师及志愿者与营员的沟通来看,营员对科学的认识也产生了一定程度的转变。"以前我认为科学技术就是在实验室里不停地运用各种原材料进行调试,是很高大上、不可触碰的事物,但是参与了这次科学营之后,我发现科学技术也可以应用在很多地方,让我真正感受到'走进科学殿堂、接触科学知识'这句话的意义。"来参加此次专题营的营员如是说。并且,负责带队协调的教师也表示,原来习以为常的沉闷课堂变得非常热闹,学生在科学小实验中的奇思妙想和表现出的较强的动手能力,也给了他们很多教学上的启发。

## | 思考与建议 |

体验式科普教育教授的内容包括科学知识与科学精神,而承载这些科学知识和精神的载体即是受众接受的科普教育方式或形式,载体形式有视频、音频等多媒体形式。在这种科普活动模式中,体验主体是受众,是完整的科普教育过程中不可或缺的创造者,是科普教育的主人,与传统的科普模式有明显的区别。根据以往的研究,这种模式能够充分发挥学生的主观能动性,通过运用学生的视觉、听觉、触觉等对周边环境进行观察、了解、操作,并在发现问题的过程中积极主动地探究解决方案。与传统的接受性学习相对比,这种自主探究式的学习拥有更强的实践性、可行性、可操作性,并能有效提高学生的参与感和学习的开放性。

2018年,习近平总书记在两院院士大会上指出:"青年是祖国的前途、民族的希望、创新的未来。青年一代有理想、有本领、有担当,科技就有前途,创新就有希望。"青少年时期是学习科技知识、开发创新潜能、形成正确的人生观和价值观的关键时期。在这一时期加大科学教育力度,有助于引导青少年崇尚科学,培养青少年的创新精神和实践能力,提升青少年的科学文化素质。

科普教育是培养人的思维能力和创新素养的重要手段，随着科普教育的不断发展，进一步加强科普教育主客体间的交流、科学传播者权益的平衡、协调科普的主流意识与多元价值取向，也日益成为发展中的挑战和问题。这种适合青少年的山地科学体验式科普教育新模式是开展山地科普和防灾减灾教育的一次新尝试，目的是尝试通过听、看、做、玩、演、写、赛等多种形式，面向青少年开展参与式、体验式、互动式科学探究活动，传播科学知识，激发科学兴趣，培育科学精神，提升科学素养。实践证明，这种山地科学体验式科普教育模式有助于激发学生学习了解山地科学的兴趣和热情，对开展STEM教育、提升科学素质有重要的价值。

### 参考文献

任广乾, 汪敏达. 2010. 体验式科普及其行为机理理论综述 [J]. 科普研究, 5(4):22-28.

吴丽雪. 2015. 中国数字科技馆中的网络科普教育新模式——参与式及体验式科普教育 [J]. 教育科学, (6):226.

谢黎蓉. 2018. 青少年高校科学营体验式教育活动效果的实证研究——以植物科学专题营的"莲与睡莲仅一字之差吗？"活动为例 [J]. 科学教育与博物馆, (1):9-14.

# "快乐蝴蝶体验苑"系列科普活动分享

李国强　兰丽影　殷海生
中国科学院分子植物科学卓越创新中心

上海昆虫博物馆隶属于中国科学院分子植物科学卓越创新中心，其前身是法国神父 P. M. Heude 于 1868 年筹建的徐家汇博物院。1930 年在吕班路（今重庆南路）上兴建新大楼，更名为震旦博物院，当时储藏中国所产的动植物标本数量为远东第一，有"亚洲的大英博物馆"之美称。1953 年归属中国科学院上海昆虫研究所，2001 年并入中国科学院上海生命科学研究院植物生理生态研究所（现为中国科学院分子植物科学卓越创新中心）。经过 100 多年的发展，现收藏全国各地昆虫标本 100 多万号。

上海昆虫博物馆是"上海市科普教育基地""全国青少年走进科学世界科技活动示范基地""全国青少年科技教育基地""全国科普教育基地"。目前展馆共包括两层，一楼由序厅、昆虫生命厅和昆虫世界厅组成，二楼由昆虫与人类厅，以及昆虫文化厅组成。部门组成上，上海昆虫博物馆由科研部、标本部、对外服务部和科普部等四个部门组成。其中科普部承担科学普及的任务，主要面向青少年，通过一系列科普活动，传播昆虫学相关知识，并激发其探索科学的兴趣。

上海昆虫博物馆二楼有一个"快乐蝴蝶体验苑"区域，这个地方是博物馆进行科普的主要区域，主要围绕蝴蝶这种昆虫进行一系列动手体验项目，包括蝴蝶贺卡制作、抽丝剥茧、显微镜观察蝴蝶翅膀等活动。这些活动每次都能吸引很多孩子参加，不仅达到了科学普及的目的，而且激发了他们探索科学的兴趣。现对这些科普活动进行分享。

## | 制作蝴蝶贺卡 |

蝴蝶贺卡采用的是干制的大紫蛱蝶（鳞翅目），翅膀整体呈紫黑色，并有白色斑点点缀，雄翅中间有一团鲜艳的紫色，翅膀尾处有两个粉红色圆点，外观整体比较漂亮。制作前，每位参与者都会发一张上海昆虫博物馆定制的蝴蝶标本制作卡，制作卡上有一只缺少翅膀的大紫蛱蝶身体的图案。具体制作步骤包括：制作前，识别蝴蝶的整体构造，即身体由头、胸、腹三段组成，有3对足、1对触角，以及长在胸部的两对翅膀；制作时，用拇指和食指轻轻地抓住大紫蛱蝶的翅膀，从后往前慢慢将翅膀与身体分离，将分离下来的翅膀用固体胶粘到标本制作卡上，拼成一个完整的蝴蝶；拼接好后，可以用铅笔写上制作者的姓名和日期，再用塑封机将制作的干标本塑封，作为贺卡永久保存。蝴蝶贺卡制作活动是上海昆虫博物馆举办次数最多，也是最受欢迎的科普体验活动。之所以很受欢迎，主要有以下三点原因。首先，整个活动时间很短，10~20分钟就可以完成，不会因为制作时间太长而让小朋友失去兴趣和耐心。其次，大紫蛱蝶颜色鲜艳亮丽，能够吸引小朋友的兴趣。最后，干蝴蝶标本搭配制作卡并塑封，最终在短时间内完成一幅画作,可以让小朋友获得一种成就感,所以有较高的参与热情。在贺卡制作过程中,通过前期讲解和后期自己动手制作,以蝴蝶为范例,将昆虫的身体结构组成知识,成功分享给小朋友。

| 抽丝剥茧活动 |

抽丝剥茧即将蚕丝从蚕茧中抽出,又称缫丝。缫丝技术起源于中国,在约有5000年历史的仰韶文化遗址中便发现了与缫丝相关的工具。最原始的缫丝方法,是将蚕茧放在热水中煮沸,用手抽丝,绕于丝筐上。蚕丝与我们的生活息息相关,比如蚕丝被,蚕丝面料制作的衣服、毛巾等。此外,蚕丝还起到文化交流的作用,如古代的丝绸之路就是东西方交流的一条通道,目前我国正在实施的"一带一路"倡议,就是利用丝绸文化构建的一条经济发展走廊。上海昆虫博物馆的抽丝剥茧活动采用最原始的方法,向小朋友展示丝是如何从蚕茧中被抽出来的。首先,将蚕茧放入锅中,并放入适量清水,在电磁炉上加热煮沸,耗时15分钟左右。等到锅中的清水慢慢变成黄色,趁热用筷子取出蚕茧,将外衣的杂丝剥去,再用手轻轻找出蚕茧的丝头,像绕毛线一样将蚕丝缠绕在木制的简易缫丝机上。把蚕茧继续放入加热的水中,缠绕蚕丝,保持均匀的速度,如果蚕丝中途断掉,还可以取出热气腾腾的蚕茧继续抽丝,直到蚕茧抽丝结束。完成缫丝后,缠绕在缫丝机上的蚕丝很光滑,而且有一定的光泽。如果是彩色蚕茧,缫出来的丝还有艳丽的色彩。抽丝剥茧是一个非常好的科普活动,在抽丝剥茧活动前,可以向小朋友解说昆虫变态发育的知识,即卵—幼虫—蛹—成虫之间的关系,让他们了解昆虫的生活史。另外,让他们自己动手,了解蚕丝是如何从蚕茧中抽出来,以及生活中有哪些蚕丝制品。当然,抽丝剥茧

活动也有需要改善的地方，比如在活动中可以穿插讲解一些中国传统的丝绸文化，让小朋友从更深的层次理解抽丝剥茧科普活动。

## | 显微镜观察蝴蝶的翅膀 |

利用便携式数码显微镜观察蝴蝶的翅膀，让小朋友了解蝴蝶翅膀的构造，在观察中穿插讲解相关知识。首先，每人发一对蝴蝶翅膀和一杯清水，将蝴蝶翅膀放入清水中，观察翅膀是否会变湿。接着将翅膀放到数码显微镜下观察，观察蝴蝶翅膀放大后鳞片的结构。然后，用手将翅膀上的鳞片抹下来，观察手上沾到的鳞片，以及失去鳞片的蝴蝶翅膀。最后，将失去鳞片的蝴蝶翅膀放进清水中，看是否会变湿。借此机会可以向参与者解释为什么蝴蝶的翅膀沾水不会湿——蝴蝶翅膀表面有超疏水相互作用的物质，能够减轻雨天带来的风险。当用手将蝴蝶翅膀上的鳞片抹去，这些产生超疏水相互作用的物质也会被一同剥落，这时候翅膀沾水就会变湿。整个活动生动有趣，不仅可以让小朋友自己用显微镜观察蝴蝶的翅膀，而且可以激起他们对科学探索的兴趣。

除了上述几个科普活动外，上海昆虫博物馆还有昆虫木制拼图、蝴蝶面具绘制、蝴蝶展翅标本制作、芳香植物与昆虫、探秘蚁巢、快乐知识问答等科普活动。在科技活动周期间，上海昆虫博物馆每天都有很多家长带着孩子前来参观，而且孩子都会积极参加科普活动。

## | 相关总结及思考 |

上海昆虫博物馆的这些科普活动之所以会吸引很多小朋友来积极参加，我想有以下几个原因。第一，昆虫有100多万种，是世界上种类最多的动物，在生活中随处可见，比如夏天扰人的蚊子、苍蝇，花丛中的蝴蝶、蜜蜂，树上鸣叫的蝉和地上的蚂蚁等，所以昆虫是小朋友生活中接触最多的一类动物。第二，上海昆虫博物馆举办的这些科普活动，不像在课堂中那样，一味地讲解知识，而是将知识点穿插到科普动手活动中，让小朋友在活动中学习到知识，这样印象也更加深刻。第三，上海昆虫博物馆举办的这些活动操作简单，整个活动时间相对较短，适合不能长时间集中注意力的小朋友，而且小朋友完成这些科普活动后，可以获得一种成就感，让他们有继续了解相关科普知识的动力。第四，这些科普活动是自然现象与科学知识连接的一座桥梁，让小朋友在这些科普活动中对科学充满兴趣，达到"育未来科学人"的教育理念。

当然，上海昆虫博物馆"快乐蝴蝶体验苑"系列科普活动也有很多可以提高的地方，以便使该系列科普活动前后衔接更加流畅。比如，第一个可以增加的科普活动是养蚕喂桑，在春夏桑叶比较充足的时候，让小朋友亲自采摘桑叶（上海昆虫博物馆附近有种植桑树），再拿去喂蚕，可以让小朋友知道蚕是如何进食的，同时也可以近距离观察蚕的身体构造，学习蚕蜕、幼虫变态发育等相关知识。第二个可以增加的科普活动是"作茧自缚"。等蚕长到一定年龄时，就会开始做茧，将自己包裹在其中变成蛹，可以让小朋友观察蚕是如何从幼虫发育成蛹的。第三个可以增加的科普活动是观察"破茧而出"，即观察蝴蝶是如何从蛹中破茧而出的。除了这些活动外，还可以介绍一些昆虫与饮食、文化相关的知识，比如，介绍一些可以食用的昆虫，包括蚕蛹和蝗虫等，以及与昆虫相关的邮票和画作等。另外，还可以加强与其他博物馆的交流，联合举办科普活动，如可以与上海纺织博物馆联合，将上海昆虫博物馆抽出来的丝拿到上海纺织博物馆"纺丝织布"，织好的布可以进行"印花蜡染"等工艺。

上海昆虫博物馆"快乐蝴蝶体验苑"系列科普活动，最终的目的是希望通过将与昆虫相关的知识有机地结合到动手实践中，通过多维度的感官参与向小朋友科普知识，激发小朋友对自然和科学的探索兴趣。另外，这些活动不仅向小朋友传递了科学知识，一同前来的父母往往也会成为潜在的科普对象。这些动手活动有时仅靠小朋友是无法完美完成的，尤其是年纪较小的学龄前儿童，这时父母的参与变得必要，因此，这些珍贵的亲子时光也提高了成人接受科普的意愿和动力。毕竟，他们走出博物馆后可能还要面对孩子的"十万个为什么"。

# 科学普及活动新观察与思考
## 以昆明植物所各类科普夏令营活动为例

鞠 鹏 杨 梅
中国科学院昆明植物研究所

众所周知，科技创新是提高国家综合竞争力的关键，也是强国富民的重要举措；科学技术普及是科技创新的前提和基础，是众多科技创新成长的土壤。没有科学普及，难有持久的科技创新。习近平总书记指出："科技创新、科学普及是实现创新发展的两翼，要把科学普及放在与科技创新同等重要的位置。"他将科普工作提到了前所未有的战略高度，并对现代科普工作提出了新的要求。全国的科学家、科普工作者、各科研机构及时响应党中央的号召，在现有基础上对众多科普活动、科普宣传开展了新的探索和尝试，取得丰富的成果。中国科学院昆明植物研究所（以下简称"昆明植物所"）也在中科院、中国科学技术协会的支持下积极开展了众多尝试与创新，多次举办科普活动，尤其是科普夏令营，积累了一定的经验并对科普活动的设计实施等进行深入思考。

## 活动有定位，策划设计靠团队

任何一个科普活动都是科学知识通过媒介向他人的信息传递，但活动往往重视了科普内容本身，而忽略了受众的接受程度，即参与者对科学知识的"接受度"和"利用度"。现在，手机作为信息终端已大量普及，各种新媒体兴起，科普知识在互联网的推动下大量被投送到用户终端上，公众接收到科普的概率呈指数级增长，但科普素质没有相应地大幅提升，这是为何？因为科学的内容可以大量投放，但受众的"思辨"素质却不是一天可以养成的，这也就造成有时候一个有关科技的话题出现后，公众盲目转发、盲目相信，形成"不科学"舆论的重要原因。

昆明植物所尝试从科普活动的定位重新策划，秉承"思考是科学的发端"理念设计整个科普活动，侧重科学活动中"思考"的问题，通过系统的设计，引导简单、有效的科学思考方式，带动受众对生活中的问题进行思考。而通过观察受众在活动中主动提出问题的频次及对设计问题的回答质量，比一般情况下宣讲科学知识更容易得到及时反馈和量化成效，也有利于活动组织方及时调整引导的方向。

科普活动作为一个有机整体，策划设计也是活动的重要环节。一个跨学科团队的科普活动设计是整个活动质量良莠的关键。比如，昆明植物所开展的科学探究活动（夏令营）中，植物化学与西部植物资源持续利用国家重点实验室组织的"不同植物抗氧化活性评价及活性成分追踪"项目涉及天然产物化学与药理学两个学科。活动方组织不同学科团队配合该项目，针对参与人群的学识背景进行科普讲座设计、实验选题、实验步骤设计、总结辩论设计等，力争在每一个环节都能吸引参与者主动思考并引起其兴趣，同时不脱离科学研究的目的。此外，该实验室在举办的各类大型科普开放日活动中,针对大量群众的科普也作了定位和策划,结合"展示厅—实验室",通过不同场地关联主题科普的宣传,将人群进行分流,同时也达到了科学问题反复从不同角度提出、科普知识双重强化的效果。

## 新颖科普方式的尝试与创新,能激发参与者的主动性

新颖科普方式的尝试与创新,是科普活动与时俱进、不断满足社会需求的重要手段。在相当长的一段时间里,固定板式(如展板、宣传栏、宣传册)是科普宣传的重要阵地,但随着年轻一代的成长,手机端渐渐成为接触信息的重要方式。获得信息(包括科学信息)的方式也从各类搜索引擎—专类网站—即时通讯软件的推送逐次转移,且相关资讯的内容大量涌现,让人们从渴望内容—大量选择—海量储存—无所适从—盲从逐渐转变,缩短了相应科普方式改变、调整的有效时间,造成科普内容与合适科普方式的脱节。"旧手段"不能解决"新问题",是科普方式的新挑战。

昆明植物所针对现有信息"饱和"的前提,假设可以通过"引导思考"的方式让受众学会用科学的方法自行分析消化信息,从而达到科普的目的。在科普活动实践中,昆明植物所进行了新尝试和创新。

比如,在昆明植物所组织实施的"西部营"活动中,植物化学与西部植物资源持续利用国家重点实验室承担实施"不同植物抗氧化活性评价及活性成分追踪"项目。该探究活动从寻找生活中具有抗氧化的植物活性成分入手,通过化学方法进行抗氧化活性成分的分离及鉴别,通过生物学方法进行抗氧化活性的定性定量分析,并指导进一步的活性成分追踪,最终完成对不同植物的抗氧化活性评价及有效成分

的获得。该活动以实验安全教育开头，通过"绚烂多彩的植物化学"主题科普讲座开题，不仅让学生对活动的学科背景进行了解，也提出多个科学问题引发思考。随后通过提出问题、引导思考、文献查阅及分析、信息筛选、分析讨论展开科学探究实验，形成完整的总体实验报告。最后，通过课题答辩再次对探究实验进行反思。实验融合了化学、药理学等多个学科，学科跨度较大，知识较为丰富。

此次活动引导学生由"被动的引导"变为"主动的求知"；科普活动的核心不再是知识的普及，而是科学信息的分析—筛选—决策—实施这一面对信息爆炸性增长的未来的科学研究模式；"小团队，实战模拟"（将10人的大团队编组成3个实验小组，进行具体的实验操作和实验讨论）的模式使每个学生在活动中都能分配到一定的角色，在小组争论、讨论、辩论中锻炼科学思维，展现表达能力，从而将所有学生动员起来，充分激发学生潜能，锻炼学生的科学研究协同能力。通过开展活动，昆明植物所也积累了一些经验，如"共同目标，小团组"的必要性、科学问题"故事性"的重要性、"引导犯错"的益处等。

## | 好的科普宣传能起到凝聚人心、达成共识的作用 |

科普工作者面对的是千千万万的普通民众，但凡主动参与活动者均怀抱着开放、求知、积极的心态。他们的目的可能不同，或为追求知识面的扩大，或为寻找一些解决问题的答案，或看科技活动中是否有商机，或看内容是否有益借鉴，总之是为了改善、提高自己而来。因此，他们对科普活动的实施带有善意，也更容易接受一些理性科学的观点。比如，昆明植物所在科普宣传中常会提到国家对科学事业的支持、对科学家的研究工作的资助，从而使科研机构能研究出产品来改变大家的生活。民众看到实验室里运转的高精尖设备,看到知识渊博、朝气蓬勃的科技工作者,也会积极赞许与回应。由此,优秀科普工作的达成,也起到了凝聚人心、达成共识的作用。

## | 思考与建议 |

面对日益丰富的内容资源,科学界应形成科普资源联盟,为民众提供一些普适、科学、便捷的分析问题、理解问题的范式,让民众在海量信息资源面前能自行辨别、自行学习,不被误导。科普资源不应成为一座座"孤岛",尤其面对一些完全违背科学原理和精神的社会事件时,单靠一个领域科学的对抗往往势单力薄,因此联合多个相关联的科学领域,同一时间对事件的科学问题、技术问题进行分析、解读、驳斥,能达到"协同"的效果,这往往也是科普效果最好的时机。

萤火虽微,囊之成炬。在科普工作的道路上,各行各业都有独特的发现和创新。面对飞速发展的社会,科普事业更应锐意创新,保持持续的想象力和创造力;科普工作者要不忘初心,努力推进科技知识的传播与应用,营造科普氛围,提高全民科学意识、素质,为富强民主、科技强大的中华民族崛起而奋斗。

# 论"植物社团"课程的科学教育模式及成效

高秀丽　李青为　中国科学院植物研究所
胡　吉　牛菲菲　中国科学院行政管理局

行管局和中国科学院植物研究所(以下简称"中科院植物所")2018年面向北京市海淀区中关村第四小学三年级学生策划实施了植物领域社团课程,将其纳入学校的日常课程之中,每学期开15节课,全年共30节课。课程伊始,三方面对面沟通,了解学校当前对于植物领域的课程需求、学生的年龄特点与《义务教育小学科学课程标准》中对于生命科学领域的教学目标,制订了以"生命的起源""苔藓植物、蕨类植物和孢子植物""DNA的空间结构"等为主题的科学教育系列课程方案及教案。该系列课程开课以来,通过不断的探索与尝试,将学科特点和学科发展基础完美地结合起来,这种体验式的科学教育课程相较于传统"灌输式"和"填鸭式"的说教式教育,有更好的教学效果。

## "植物社团"体验式科学教育模式的设计思路

"植物社团"体验式科学教育模式，立足于我国庞大的青少年受教群众，试行于中关村第四小学三年级学生，旨在通过丰富多彩的活动，引导学生了解植物学的相关知识，培养科学情怀与素养，激发他们对该学科的学习兴趣及实践动手能力，更进一步促进青少年团体对人类所生存的空间及身边的自然景物的认知。

该体验式课程按照课程目标—课程设计—认知体验—实践反思—总结提升的思路进行设计，设置了以生命的起源，生物遗传进化，植物光合及运动，植物繁殖与生活史，植物根系结构、功能、营养等为核心探究主题的30节科学教育系列课程。生命起源于哪里？植物如何演化及生物的遗传物质是什么？常见的毒品能从哪些植物中提取出来？……通过这一系列科学问题引发学生的好奇心。接着，通过挖掘学生对该学科的知识认知储量，来设计该课程的课程深度。从最原始的苔藓植物、蕨类植物和孢子植物讲起，给学生展示它们在形态、结构和生理功能上的差异，培养学生在自然界中观察植物的能力。同时，通过让学生种植、观察植物等方式增加动手实践环节，提高学生学习思考和实践动手的能力。最后，通过学生对所学知识的回顾与反思，交流心得体会及其科学梦想，培养学生的团队精神，树立团队合作及协同分工的工作意识。根据此次中关村第四小学三年级学生试课成效，进行不同活动的组合和难易程度的调整，以期开展更多适合中小学学生和爱好植物科学的公众参与。

## "植物社团"体验式科学教育模式的实施

根据以上的设计思路，该课程主要有5大核心环节，接下来对这5

个环节的设计与实施展开阐述。

## 课程目标

"植物社团"课程是由中科院植物所多名专家根据《义务教育小学科学课程标准》研究设计的综合性实践课程，课程的总目标是培养学生的科学素养，保持和发展他们对自然的好奇心和探究热情，让其体验科学探究的基本过程，发展学习能力、思维能力、实践能力和创新能力。

课程以学生动手实践为主、多媒体教学与中科院植物学专业科研人员讲授为辅的方式进行。通过本课程的学习，学生可以了解植物的根、茎、叶、花、果及种子的形态和功能；知道植物的生命周期；根据植物的形态特征对其进行简单分类；了解植物的进化过程；认识植物的几大生命活动，了解光合作用、呼吸作用及蒸腾作用；通过探究实验，了解植物的生存智慧；增强孩子热爱大自然与保护环境的意识。

## 课程设计

课程设计前期，经过对小学生进行走访、问卷调查，我们发现学生对与植物学相关的科普现象仅停留在表面，对于现象原理理解并不透彻。而现实生活中，大部分青少年极少有接近研究所及科学家的机会。因此，该学科很多知识点对于他们而言，既深奥又神秘。因此，在课程设计中，第一步就是带领学生走近科学，让植物学相关专家走进课堂，为青少年揭开科学的神秘面纱。

首先，学生在专家的引领下，回答与植物相关的一系列问题。通过他们的答案，专家能找到学生的知识盲点。这样，专家在进行科普讲解时，针对性就非常强，还能勾起学生的好奇心，并且能把最新的科研进展渗透到演讲中，以此加深学生的印象。这也是引导学生走进科学的第一步。

接下来，学生在植物科学导师的带领下探讨不同课程的原理，也就是理论学习阶段，与科学家面对面交流，使学生在学习知识的过程中更加轻松有效，探讨学习中遇到的各种问题时，让他们在求学中解惑，利用简单易懂的交流模式展开答疑话题。

紧接着就进入动手实践环节，学生将结合科学导师的学术报告，了解本节课的主题思想，综合选取自身感兴趣的方面展开动手体验，例如，在探讨DNA的空间结构中，通过专家的科普讲授，充分了解DNA在生物体内的空间结构并探究影响DNA结构复杂性的因素；然后分小组，由学生自己动手设计并拼接DNA的空间结构。在毒品植物课题中，使学生了解几种常见的毒品植物的特点并在生活中辨认；结合中科院植物所的实际情况，将用于科学教育栽培的毒品植物带入课堂，让学生实际掌握毒品植物的鉴别方法；使学生认识毒品的危害，教育青少年学生增强体质并远离毒品。这些课程力求达到多元化培养的目的，让学生有所收获，通过各合作方人员支持、智力支持、设备及教具支持等保障措施来加强学科课程建设，最终达到"植物社团"的预期成效，从而为优质的科普教学提供保障。

### 认知体验

以"植物的运动"为例，以小组为单位，介绍几种常见的能运动的植物的特点和方式，通过专家讲解该植物运动的生理原因，引导学生自主分析植物的结构，并结合相关科普视频和以中科院植物所展览温室中典型的运动植物（如含羞草等）为例，让学生更加直观地了解植物的运动。

### ◎ 动手实践环节

理论知识最终还是要服务到实践中，也就是要将动手实验和科学探索巧妙地结合起来，这是整个"植物社团"课程开发的核心部分，也是真正让学生参与科学研究的关键环节。从课题"制作叶子画"为例，我们按照叶子画成品欣赏—介绍制作步骤和注意事项—动手设计及制作—成果展示的顺序，科学地设置了相应的实验环节，且每一个环节既相互独立又前后承接，让学生在认知叶子画制作的基础上自由发挥想象力和创造力，探索并利用生活中常见的自然物品（叶子、树根、果实等）和生活小工具设计工艺品。

动手实践环节在本课题中以小组为单位，每组配备两名科学小助手，按照课程设计的既定顺序开展实践并交流，最后各个小组完成实验作品后到讲台上演讲，讲解其创作思路、创作方法和创作意义，最后台下其他小组成员给予投票，科学导师对其作品进行打分，以调动全体成员的积极性，并进行实验交流，分享心得体会。

### ◎ 总结提升

在前期活动完成后，我们将进入最后的总结提升环节。首先，科学导师根据课程取得的现实成效，对整个活动进行点评并提出相应的考核题目和建议，即设置分组答辩，根据之前29次课程的基础理论，由学生将理论与实践结合，设计实验方案、团队合作完成实验内容并分工撰写或制作答辩PPT，通过最终的总结提升可以令学生更加深刻地体会理论与实践的辩证结合，并根据学生的答辩进行专家点评。在分组答辩中，专家会解答小组成员在实验环节中遇到的困难与疑问，这对于学生在今后的学习和实践中培养独立性、系统性，具有重要的意义。

最后，本次课程设计的组织方及科学导师都将会对此次课程取得的成效进行分析，进一步商讨课程中存在的弊端，以修正后续课程的执行方案。

## |活动效果与分析|

通过此次课程的试行，该课程模式让学生切身感受到了科研环境及学术氛围，并亲自动手设计，合作完成了科学小实验，提高了学生的动手能力。从学习效果看，此次课程激发了学生对植物学的浓厚兴趣，提升了学生学以致用和独立思考的能力，锻炼了他们发现科学问题和探索科学知识的逻辑思维能力，为以后开展系统性研究打下了良好的基础。从学生的整体表现来看，学生对"植物社团"课程的形式和内容表现出极大的兴趣，有学生谈道，在参加此次课程前，对植物学并没有什么兴趣，近距离接触科研院所更是遥不可及，通过参加此次课程，不仅对植物学这一学科有了深刻的理解和兴趣，甚至希望在未来的职业发展中能够从事该门学科的研究。还有学生表示，以前对植物学知识的获取只限于书本，觉得植物学充满奥秘，无法深入走进植物学，对于生活中遇到的关于植物的科学困惑也没有相关的植物学家来解答，通过参加该课程，近距离接触相关专家，并通过专家提供的寻找植物科学现象的相关查询路径，改变了对于科学知识神秘却无法探求答案的看法。在本次课程中，学生通过团结协作共同完成了课程任务，加深了彼此之间的了解，促进了同学情谊，这也是这次活动中衍生的一大收获。

从科学导师与学生的沟通来看，导师也对学生探求植物学新知的欲望有了一定程度的了解。有导师说，以前做科研都是在实验室里不停地运用各种实验材料进行调试及反复试验，独自从事阅读大量科研文献等高强度的脑力工作，但是参与"植物社团"活动后，可以从紧张的科研氛围中获得短暂的放松机会，同时还能让科学走进学生的课堂，使青少年接触科学变得更加简单、快捷，很有意义。

## |思考与建议|

在新课改教学背景下，在学生掌握专业知识的同时，使知识不生硬地被学生吸收显得尤为重要。目前的科普旅游课程虽受到新冠肺炎疫情的强烈冲击，但是以旅游资源中的科技成分和要素为基础的各种自然和人文环境，形成的新的教学模式将会日益成为专家与学者关注的焦点。学生不仅可以从旅游中得到感官享受，还能在旅游中学习到其背后蕴藏的科学知识。

中科院植物所具有得天独厚的科普旅游的科技基础和教育条件，课程实施以拥有国家战略植物资源（物种、基因）储备库、我国北方植物多样性迁地保护与可持续利用研究基地和国家科普教育基地的中科院植物所为依托。行管局在顶层设计、中层管理和课程实施中提供合作策略，其在课程实施中充当了动力源。如果学校教学实践意识不强或能力欠缺，那么也就失去了本次课程实践的意义，中关村第四小学具有全面胜任本次"植物社团"新教育模式的基础，在整合科学知识的教法框架中突出了科学走进课堂的实践示范成效，为以后科普教育走进学校的授课模式和路径指明方向。三方得天独厚的条件及全力支持配合是本次科普教育取得显著成效的重要原因，多方协同的综合教学培养策略是该课程顺利实施的保证，从本次课程的顶层设计、中层管理、课程实施三个层面来看，三个单位缺一不可，只有协作才能推进"植物社团"课程。因此，在疫情过后，完全可以将科普教育由科学走进课堂的形式转变为学生走进科学的模式。通过科普旅游的形式将知识传播给青少年，这不仅是对科普思想和科普精神的弘扬，更是对生态文明建设和可持续发展理念的传承，从科普知识的传播升级到科学思想、生态保护、可持续发展等理念的宣传，是推进科普事业和科普课程的重要动力。

参考文献

上海科技馆.2020.《共识与行动——搭建科普研学平台，凸显科学教育核心功能》倡议书引发热烈反响[J].科学教育与博物馆,6(5):326-327.

王彦芹,杨凤微,田贝贝,等.2020."基因工程"课程思政的教学设计与实践[J].教育教学论坛,(39):51-52.

韦强,杨德清,许玲,等.2008.发展科普旅游促进公众科学素质建设[C].中国科普理论与实践探索——2008《全民科学素质行动计划纲要》论坛暨第十五届全国科普理论研讨会文集.

张祖群,王波.2014.北京园博会科普旅游：概念、问题与改进[C].中国科普理论与实践探索——第二十一届全国科普理论研讨会论文集.

# 格致课堂助力中小学科学教育的实践与探索

谷美慧　温　暖
中国科学院计算机网络信息中心

　　人才资源是第一资源,也是创新活动中最活跃、最积极的因素。中科院肩负着创新人才培养的责任与义务。2015年,中科院优化战略部署,一方面通过"高端科研资源科普化"计划,开发科研成果,不断丰富为公众服务的科普资源,另一方面实施"'科学与中国'科学教育"计划,推动科研资源与教育服务的深度融合。

　　为有效落实中科院"'科学与中国'科学教育"计划,中国科普博览立足自身技术与资源优势,面向全国中小学和科教机构,建设并推出格致课堂公益科学教育服务平台。开展"互联网+科学教育"的探索与实践,汇聚中科院优质科教资源,以中国科普博览示范基地学校建设为抓手,建立中科院各研究所科教资源与学校之间的连接桥梁,为中小学学校提供科学教育服务。推动中科院高端、优质、特色的科研科普资源在学校科学教育中的落地与应用,服务未来科技创新人才培养的需要。

本文通过分析目前中小学科学教育面临的问题与困境，提出格致课堂解决方案，并分享格致课堂助力中小学科学教育的一点探索与实践。

## | 学校教育的挑战与需求 |

根据教育部修订的 2017 年版《义务教育小学科学课程标准》和 2011 年版《义务教育初中科学课程标准》，在我国，科学课被列为与语文、数学同等重要的"基础性课程"，起始年级延伸到小学一年级。十年来，科学课程目前已经得到了教育系统和全社会的广泛认可。在经济较发达的大中城市，科学教育活动也陆续开展起来。然而，我国的中小学科学教育起步相对较晚，发展速度较缓慢，面临着许多问题和不足，急需我们解决。

### ⚛ 需要推动优质科教资源全国共享

中小学科学教育资源，除了全国统一的课程标准和地区统一的课本教材教具外，各个学校在师资资源、实验设备等方面存在着一定程度的差异。特别是在我国，由于社会经济发展的不平衡造成教育资源分布的不平衡，学生参与科学教育活动所必需的科普资金投入、科学活动场所建设、科学活动开展等方面存在着巨大的差异。有规模有组织的优质资源集中在经济较发达的大城市，而相对落后的西部和广大农村学生能享受到的科学教育资源则十分匮乏，这种巨大差异在地区和城乡之间明显地、普遍地存在着，直接破坏科学教育的公平性，影响科学教育的整体平衡发展。

### ⚛ 需要整合多样化的科学教育资源

科学教育，并不仅仅是掌握科学知识。新的科学课程标准也明确指出，科学教育以培养学生科学素养为宗旨，以科学探究为主要学习方式。所谓探究式学习，就是指在教师的指导、组织和支持下，让学生主动参与，动手动脑，积极体验，经历科学探究的过程，以获取科学知识，领悟科学思想，学习科学方法为目的的学习方式。传统的课堂教学在时间上受到限制，科学学习的很多内容和环节无法完整呈现出来；在学习方式上还是以间接学习为主，即便有些实验环节，也无法满足学生探究的好奇心，他们更渴望贴近真实的科学。这就要求学校要加大对校外科学教育资源的利用，推进校内外科学教育融合发展，为中小学学生科学教育创造条件，让他们有机会真正地参与到科学探究活动中，弥补科学教育课堂教学的不足。

### ⚛ 需要进一步提升科学教师的专业素养

教师是教育的基石，高质量的科学教育必须要有高水平的科学教师。当前，我国中小学学校的科学教师大多数是由其他学科的教师担任或者兼任的，由于缺乏专业的科学知识，在教学过程中常常是照本宣科，不能充分发挥科学教育在培养学生的科学素养方面所具有的独特优势。因此要加强科学教师的培训力度，通过研修、网络培训、科学研讨等方式，提升科学教师的专业素养。

## |格致课堂的解决方案|

针对上述需要解决的问题，中国科普博览推出格致课堂科学教育服务平台，高效利用科研资源，更好地服务中小学科学教育需求。研发和汇聚中科院上百堂网络课、精选校园课、研学游和直播课，以及教师培训课等丰富的科教资源，为全国各地中小学学校与遍布全国的中科院各院所构建有效的联结渠道，促进科研、科普与教育的融合与落地。

### 借助互联网打破空间限制，共享优质资源

格致课堂采用互联网直播等方式，远程连线科学家、博物馆、科研实验室等，将更多精彩内容推送给全国的中小学学生。格致课堂整合中科院国家重点实验室、野外观测台站、大科学装置和科学家等优质资源，通过互联网解决方案，解决中小学科学教育资源有限且地域分布不均衡的问题。通过格致课堂直播课，可以看到科学家现场直播讲解和探秘如"中国天眼"（500米口径球面射电望远镜）、中国西南野生生物种质资源库、全超导托卡马克核聚变实验装置、稳态强磁场实验装置和北京正负电子对撞机等大科学装置，并与科学家线上互动，由此改善科教资源不均衡的现状。

以2020年"格致课堂开学第一课"为例，格致课堂联手山西省科学技术协会和山西省教育厅，面向山西省中小学开展了"开学第一课 防疫在校园"的科学教育活动，邀请北京儿童医院主任医师王荃，为学生带来了主题为"校园防疫指南"的精彩讲座，共计1000余所中小学学校的10万余名中小学学生在线听课，实现了科教资源的均衡配置。

### 丰富的科学教育资源，助力科学活动开展

格致课堂以网络课、校园课和研学游等方式，作为学校开展科学教育的有益补充，激发了学校开展科学教育的热情。

网络课精选上百门科普视频，为日常科学课提供所需的教学资源。视频由科学家讲授，借助手绘、动画、实验演示等方式帮助学生理解，内容涵盖物质科学、生命科学、地球与宇宙科学、技术与工程四大学科领域，教师可根据课程需要选择相应的视频素材。

校园课携手科学家走进中小学校园，通过科学实践课、格致校园、科学讲堂等方式，为学生带来丰富的科学实践活动。科学实践课汇聚中

科院各院所的特色主题科学课，包括中国科学院计算机网络信息中心开设的"网络安全"和"科学小创客"课程、中国科学院国家天文台南京天文光学技术研究所开设的"宇宙探索"课程、中国古动物馆开设的"从人到鱼如何演化"课程等，由科学家亲自授课并指导学生动手实践，培养学生的科学思维和科学探究精神。格致校园是科学家为青少年定制的舞台式科学演讲，每次邀请3~6位科学家，给青少年带来一系列启发好奇心的精彩演讲，涉及物理、化学、古生物、地质、心理学等诸多领域，例如，破解庞勒维猜想的国际顶尖数学家夏志宏带来的"三体问题与天体"、世界上发现并命名恐龙最多的科学家徐星带来的"恐龙、孩子与科学"、卫星有效载荷总设计师卢方军带来的"探秘极端天体"等。科学讲堂是权威科学家的深度科学讲座，每次活动邀请1位科学家，通过60分钟的科学讲座，为学生讲述前沿科学知识，分享科学见解与思想，带领大家进行深度追问。

研学游为学校提供走进中科院相关院所的机会，带领学生走进科研院所、实验室、野外台站和科普馆，与科研人员零距离接触，动手开展科学探究。中科院有130多个国家级重点实验室和工程中心、68个国家野外观测研究站、20个国家科技资源共享服务平台等，是学生探究科学的绝佳场所，如在中国科学院高能物理研究所，可以探秘中国第一个大科学装置——北京正负电子对撞机；可以走进互联网发源地——中国科学院计算机网络信息中心，实地考察国家重点机房、网络安全中心，探访超级计算机；也可以跟随科学家探秘秦岭，开展金丝猴相关研究课题，共同探讨野外生物的生存之道。

# 所校联合开发高端校本课程
## 以中关村中学为例

王　莹　中国科学院自然科学史研究所
鲁小凡　北京市中关村中学

中国科学院自然科学史研究所（以下简称"自然科学史所"）是中国唯一的多学科和综合性的科技史专门研究机构。科技史是一门科学与人文高度交叉融合的学科，天然具有打破文理隔阂的能力，这使科技史具有任何文科或者理科无法取代的独特性。

北京市中关村中学（以下简称"中关村中学"）是海淀区科技特色校。它在课程设计上立足传统，突出科技主题，以全员科学素养教育为核心凸显学校特色。

| 开设过程 |

北京市中关村片区内高校、科研机构密集，自然科学史所与中关村中学都坐落于此，双方更是有着深厚的渊源。1982年，以时任全国政协常委汪德昭院士为代表的50多位专家，向党中央、国务院倡议，为解决京区广大科研人员子女入学问题，由中科院拨付土地、投入资金，

创办中关村中学。2015年,中关村中学在本部及清华园校区、双榆树校区正式加挂"中国科学院中关村学校"校牌,实行一所学校两块牌子的办学模式。

依靠着优质的中科院资源,中关村中学在其"雁翔课程"体系中设置了科学教育课程、人文教育课程,这两类课程与必修基础课有机联动,相互促进。科学、人文教育课程对提升中学生自身科学文化素养、促进科学思维的形成和培养有着积极意义。课程分为多个层级,从通识的科学实践创新课程到指向兴趣的科学实践课程,再到指向成长的科学实践创新课程。在课程研发过程中,引入中科院部分研究所的科研力量。

自然科学史所在与中关村中学的合作中,以科技史为主题,联合中关村中学的任课教师,共同策划开设了"影响人类文明进程的科学事件"系列课程。在近十年的合作中,自然科学史所专家与任课教师不断收集反馈意见,对课程进行了多次调整(表1)。每次调整后,该课程会稳定运行一定的时间,再汇总反馈意见,逐步调试授课模式,最终凝练、提升成一个新的课程。

表1 中关村中学校本课程重大调整一览

| 时间 | 合作进展 | 课程标题 | 目标 | 特点 | 对接形式 |
|---|---|---|---|---|---|
| 2011 | 首次合作 | 影响人类文明进程的科学事件 | 确定专题方向 | 搭建框架 | 各学科分别对接 |
| 2016 | 第一次调整 | 课程1:影响人类文明的科技事件 | 细化专题 | 逐步聚焦 | 由课程主管对接 |
| | | 课程2:中国古代的科技文明 | 细化专题 | 逐步聚焦 | 由课程主管对接 |
| 2019 | 第二次调整 | 所有可能的世界——中国古代地理学专题 | 进一步细化专题 | 拓展深度 | 由课程主管对接 |

### ◎ 首次合作

2011年8月，中关村中学教科研中心与自然科学史所科研处取得联系，表示希望在开发校本课程上得到自然科学史所的帮助。经过若干次面谈与电话沟通，双方逐步形成了合作意向。

2011年9月1日，在自然科学史所与中关村中学联合开发课程座谈会上，双方负责人确定研究所与学校联合开发第一门校本课程"影响人类文明进程的科学事件"。该课程选修人数为50人，共安排6位科研人员参与授课。

表2 中关村中学校本课首次课程安排

| 课程标题 | 内容 |
|---|---|
| 影响人类文明发展的大事件 | 数学篇 |
| | 生物篇 |
| | 化学篇 |
| | 地理篇 |

该课程由自然科学史所专家和学校教师分别对课程内容、教学组织、课程考核等问题提出想法和建议，分学科一对一合作，联手撰写课程纲要，共同探索授课模式。

### ◎ 调整阶段

首次开设课程时，主要授课任务由自然科学史所专家承担。中关村中学的学科任课教师对接、辅助研究所专家，并负责督促、跟进教学。随着第一学期的结束，该课程受到了师生的一致欢迎。授课教师由科研人员担任，学生可以直接与科学家交流；课程内容新颖，富有故事性；课程与中学课标联系密切，学生容易接受；课程思想性强，学生能得到启示。其局限性在于，由于科研人员主导组织授课，缺乏授课经验，辅助的任课教师对科技史不熟悉，内容编排相对单一，授课形式不够丰富,部分学生的上课专注度不足。同时,由于课堂时间较短,课程内容较多无法展开。综合以上多种因素,课程又进行了两次较大的调整。

1. 初步调整课程设计阶段

在首次课程设计基础上,教学工作稳定开展了3年。期间进行了多次内容微调,逐步形成了课程主体框架,课程体系得到了校方认可。2016年,随着中关村中学课改工作推进,学校对校本课程的课时数需求增加。以此为契机,研究所与学校商议,将课程调整为两门专题课——影响人类文明的科技事件和中国古代的科技文明。同时也将参与授课的科研人员增加至11人,每套课程配备5~6位科研人员。采用小班教学,每班选修学生20人。虽然选修学生的总数并未增加,但相应的课时数却增加了一倍。

表3 中关村中学校本课第一次调整后的课程

| 课程 | 内容 |
| --- | --- |
| 影响人类文明的科技事件 | 从哥白尼到牛顿 |
| | 蒸汽机和电气时代 |
| | 世纪之交的科学革命 |
| | 20世纪的科技大事件 |
| | 20世纪的科学仪器 |
| | 丝绸之路与科技文明 |
| 中国古代的科技文明 | 中国古代数学 |
| | 纸上春秋 |
| | 钢铁造就的文明 |
| | 古代北京城的建设 |
| | 中国古代水利工程 |

此次调整后的课程,内容覆盖面更加广,在科技史知识点的深度上有所增加。同时,增加了中国古代科技的课程,与高中的学科联系更加紧密。在教学中,校方统一由一位教师与研究所对接,双

方的合作效率明显提高。在校本课程合作之外,还与研究所合作开展数学史融入高中数学课程的研究。这使校本课程的影响不仅局限于学生教育,还延伸到了提升教师教学思路的层面。

2. 深化调整设计阶段

2019年,教育部新一轮课程改革启动,各地依据高考改革启动时间分步实施新课程、新教材。课改也带动了校本课程的调整。对于中学生教育的思想性有了更高要求。同时,学校也希望能加深专题的纵深。自然科学史所在与学校的充分沟通下,组织了一套地学史专题课程,即所有可能的世界——中国古代地理学专题。这一课程配合并丰富现有的高中地理学课程,使学生充分了解中国古代地理学及地理学思想的发展历史,从而对历史发展过程中人与环境的关系、人类的地理观念及地理学的关怀等问题形成认识,更好地理解当下的地理学课程。

表4 中关村中学校本课第二次调整后的课程

| 版块题目 | 内容 |
| --- | --- |
| 第一部分 人类与环境 | 中国古代海洋环境和航海活动 |
|  | 中国古代经济地理 |
|  | 气候变迁与灾害 |
|  | 海淀环境变迁 |
| 第二部分 舆地与疆域 | 中国古代行政区划分的特点 |
|  | 古代城市与城市规划 |
|  | 北京城市建设史 |
| 第三部分 地图的前世今生 | 传统地图的构建历程 |
|  | 西方实测技术影响下的传统地图 |
|  | 传统地图中的制度与美学 |

此次调整后的课程主题明确在地理学史上,相较之前的综合性课程更加聚焦,整体性明显更强。每个板块的授课时间增加,教师对知识点的讲授更充分,使得课堂的互动有了进一步的提高。

| 经验与体会 |

自然科学史所与中关村中学的合作已经跨过了十个年头，从初次联系到密切合作，凝聚了研究所与学校双方的心血。在合作设计课程，开展教学过程中有如下几点经验。

### ⚛ 搭建所校结合协同机制

高端课程的开发离不开合作各方的共同努力，协同机制保障是能否顺利开展合作的关键因素。所校之间搭建有效的协同机制可以从牵引、运行、保障三个方面考虑。高端课程开发首要有发起一方，双方共同探讨，明确目标。在既定目标的导向下，确定落实到人的运行机制，其中包括分工、对接、责任等。课程的开设也需要必要的保障机制，研究所在人员配置、日程安排及教学情况追踪等方面均安排主管人员跟进。学校提供相应的经费支持，并指派教师维持教学秩序，保持所校正常高效沟通。

### ⚛ 做好课程顶层设计

开设高端课程更多的是使大多数学生培养兴趣、扩展视野，同时针对学有余力且感兴趣的学生进行一定的拔高。集体学习阶段的课程，设计知识点要紧凑凝练，贴近中学生能力。对于需要进一步拔高的学生，则可以安排探索性学习。

课程开设初期，担任授课的科研人员普遍反映每门课程的课时偏少，学生深入消化吸收课程内容难度大。在进行课程顶层设计时，应注意把控知识点的总量，在有限的课堂时间中凝练知识点，遴选更适合中学生的知识点来搭建课程主干。还有，涉猎学科领域过宽。自然科学史所投入了多位科研人员进行一线教学，显示出了合作的极大诚意，但受到总学时的限制，均摊到每位教师的课时较少，无法绘制整个学科史的轮廓，也不符合循序渐进的教育规律。在后续课程调整中，平均每位教师安排3个学时，学生与教师之间的交互时间增加，使学生在课堂上有了声音，避免单纯灌输式教育，课堂效果有明显改善。

为了遴选真正感兴趣的学生选修，课程还设置选修试听环节。在研究所建议下，中关村中学在每学期选课前安排了试听机会，在第一次试听后可调整选课。此外，自然科学史所也邀请学生参加科技史科普活动，加深他们对科技史的印象。

### ⚛ 锻炼和吸纳年轻人参与课程

在教学工作的运行中，青年科研人员、博士生等成为教学的主要力量。他们的年龄与中学生相差较小，在思维方式与授课形式上更容易与中学生产生共鸣。可由资深研究员把关课程内容的质量，由年轻人负责具体授课工作。此外，年轻人在授课的过程中也不断提升个人能力，甚至在与学生互动中获得一些科研的灵感和启发。

### ⚛ 加强教师培训，让科技史融入学科教育

在授课形式上，教师的意见不完全一致。建议用更加生动的形式，引导学生参与到课程中来。如果能提供相应的动手环节则会更有趣味性。围绕一个核心思想提供更为丰富的案例，让学生在不同的人物、事件中体会科学进步的过程，体会重大科学发现对人类的影响，提升思想境界。同时，从中学教师角度来看，科学史课程也为学生提供了大量的、生动的高层次素材，从某种意义上讲，使学生在文学方面也有所积累。但是，提供素材这一功能只能作为科学史课程的附属功能，重点强调的应当还是科学思想的传播。

### ⚛ 发挥交叉学科优势，消除文理偏见

在历史上，自然科学与人文并不是分离的。现代科学和学术的制度化是造成二者分野的重要因素。这种分离在我国表现为对社会科学的普及重视程度仍显不足，人们往往更重视科学。中学课程中的文理分科，往往加剧这种情况，进而反映到当前的教育体制中。如何弥合这种割裂感？科技史学科本身是科学与人文的高度交叉融合，天然具有打破文理隔阂的能力，这门学科既有理性的思维和逻辑，又有历史的眼光和批判精神，恰巧是一个很好的切入点，也是任何文科或者理科无法取代的。把科学的人文精神传递给教师和学生，才能为创新之树提供萌芽的土壤。

## | 展望 |

随着教育的多元发展，教育途径趋于多元化，青少年在选择接受教育的途径上拥有更多的自主权。社会结构也不再以单一标准划分人群。高考作为曾经的独木桥，也注定要被出国留学、职业化教育等方向分流。随着选择范围的扩展，对于青少年而言，更重要的是在未来这样多元化标准、流动性很强的社会里，成长成为自我驱动的人，具有驾驭人生的能力。这无疑对当前教育提出了新的挑战。

自然科学史所向公众普及科学知识，弘扬科学精神是其社会责任的一方面。充分发挥科技史研究优势，与中学联手探索新的育人模式，从培养学生的创新精神和实践能力出发，把科技史融入教育，也将成为学校持续发展和特色发展的重要途径。

共建高端校本课程，开创了学校课程建设的新局面，也是研究所与学校合作的有益尝试。所校合作的模式也并不会止步于此。自然科

学史所将与学校继续合作，在层次和广度上并进，对现有课程体系进一步深化，努力解决协同育人师资不足的突出问题。

建议对多年来累积的高端课程开发经验和资料进行整理，编纂教程，以便惠及更多的教师和学生；组织科技史师资培训班，从提升广大教师的自身修养开始，营造创新育人的文化环境。

参考文献

鲁小凡.2013.数学史融入高中数学解题教学意义重大[J].中国教育学刊,(3):88-93.

鲁小凡.2017.用特色指引课程建设,用课程撬动特色发展[J].基础教育参考,(6):29-30.

# "科教帮扶"新模式的实践与探索*

汤宏铭　陆建伟
胡　吉　李格锐　中国科学院行政管理局
王春菊　刘乐琼　张家莹　中国科学院幼儿园

　　习近平总书记高度重视教育扶贫在我国扶贫开发工作中的重要地位，先后指出："治贫先治愚，扶贫先扶智""抓好教育是扶贫开发的根本大计""把贫困地区孩子培养出来，这才是根本的扶贫之策""扶贫既要富口袋，也要富脑袋"。这使我们进一步明确了教育在扶贫工作中的重要使命、工作模式、重要基点和终极目标。

　　内蒙古库伦旗和贵州水城县是中科院定点帮扶的国家级贫困旗（县）。2018年，行管局发挥热心公益事业的优良传统，在中国科学

---

\* 本文原名为《中国科学院行政管理局"科教帮扶"新模式的实践与探索——以内蒙古库伦旗和贵州水城县构建"一个纽带两个基地"教育扶贫实践为例》，于2020年发表在《中国科学院院刊》第Z2期上。因出版需要，文字有删改。

院科技促进发展局的大力支持下,迅速积极地投入到库伦旗、水城县的扶贫攻坚工作中。根据自身资源优势,在学前教育、基础教育两个方面,开展了以科学特色为核心的"科教帮扶"新模式的探索。截至目前,行管局已在库伦旗投入资金200万元改善教育环境,资助300名库伦旗优秀师生赴中科院相关院所参加"走进中科院、走近科学家"活动;在水城县开展"科普阅读进校园"活动,受益师生共640人;"科学快车"开往库伦旗和水城县开展各类科普活动20余场,现场及线上参观人数达11250人次;在库伦旗和水城县培训各级教师7521人次,有效提升了当地师生的科学素养。

## | 库伦旗和水城县学前教育、基础教育情况 |

自2018年参与中科院定点扶贫工作以来,行管局组织下属幼儿园园长、学校校长及教学骨干先后开展10余次实地调研,深入了解库伦旗和水城县的教育现状,寻找帮扶工作着力点。经过实地调研发现,库伦旗和水城县的学前教育、义务教育教师普遍存在教学理念待更新、教学活动组织方法待细化、教学评价形式待丰富、教学反馈质量待提升等情况。与此同时,学校的玩教具、图书、卫生保健信息化管理、实验仪器材料等教学与管理辅助软硬件较为缺乏,软件支持能力尤为薄弱。针对调研过程中发现的问题,行管局组织10余场工作小组会议,广泛汇集当地需求,分析帮扶工作着力点。通过双方紧密对接,将行管局学前教育、义务教育方面的资源优势与当地实际需求相结合,为后续工作的推进奠定了坚实的基础。

### ⚛ 库伦旗学前教育和基础教育情况

库伦旗教育体育局(以下简称"库伦旗教体局")担负着全旗教

育教学的管理工作，开办各级各类学校48所、幼儿园21所。库伦旗近年来全面落实"优先发展民族教育""义务教育经费保障机制""实施教育精准扶贫"等惠民政策，并于2016年顺利通过了国家义务教育发展基本均衡县达标验收。

经座谈调研，库伦旗师生普遍表示，学校场地比较大，硬件设施较好，但缺乏好的科普教学内容，特别是科普教育师资力量极其薄弱。师生反馈对科学教育非常感兴趣，特别渴望了解天文、海洋、地理、信息自动化、航空航天和动植物等学科的知识；但由于条件限制，师生缺乏学习渠道，平时只能通过网络或电视学习了解。师生非常渴望能有机会和渠道学习了解科普知识。

### ⚛ 水城县学前教育和基础教育情况

水城县是国家级贫困县、贵州省深度贫困县。全县共有各级各类学校349所，在校学生13多万人，专任教师7764人。2017年水城县被授予"贵州省基本普及十五年教育工作合格县"称号；2018年12月，水城县提前两年顺利通过义务教育基本均衡发展国家督导评估。

调研发现，水城县域内乡镇中学实验室配置比较齐全，硬件设施好，但是，90%的中小学没有开满科技类课程，没有专职或兼职科技教师，几乎没有科普设备或科普教材教具。10%开设科技课程的中小学学校中，科技项目也仅限于船模、航模和七巧板等课程。在对40余名乡镇学校教师的调研中，100%的教师认为在学校开展传播科学知识的科普活动很有必要，非常支持学校开设科技课程或定期开展科普讲座，并且愿意将所学科普知识传授给本校师生。其中，水城县滥坝镇尖山小学校长谈道，学校安排教师通过自学开设了船模课程。开始时教师很不理解，但后来发现在船模比赛中取得好成绩的学生几乎都是平时学习成绩不好的孩子——他们非常热衷参加学校组织的船模课程,愿意钻研,并通过参加船模学习和竞赛重塑自信。

## |明确"一个纽带两个基地"的"科教帮扶"新模式|

### ⚛ 签订战略合作协议,建立"科教帮扶"纽带

根据中科院工作部署和总体要求,在全院科学指导和专项经费支持下,行管局秉承"有爱才有一切"理念,分别于2018年5月8日、2019年4月9日与内蒙古库伦旗、贵州水城县签署战略合作协议。作为纲领性文件,战略合作协议在帮扶援助、经济技术合作等方面构建对口帮扶协作关系,推动实现精准脱贫,提升区域经济发展。通过双方签署战略合作协议,协助地方引入中科院人才、智力等方面的优质资源,帮扶地方区域资源整合与提升。

### ⚛ 共建"学前教育示范基地""义务教育示范基地"

在学前教育方面,行管局与库伦旗教体局在蒙古族幼儿园共建"中国科学院幼儿园库伦旗学前教育示范基地",与水城县教育局在水城县第七幼儿园共建"中国科学院幼儿园水城县学前教育示范基地"。依托两个基地,分别建设"中国科学院幼儿园库伦旗教育实验园""中国科学院幼儿园水城县教育实验园"。

在基础教育方面,行管局与库伦旗教体局在库伦旗蒙古族小学共建"中国科学院附属实验学校库伦旗教育示范基地",与水城县教育局在水城县第六小学共建"中国科学院附属实验学校水城县义务教育示范基地"。依托两个基地,分别建设"中国科学院附属实验学校库伦旗合作学校""中国科学院附属实验学校水城县合作学校"。

通过基地和合作学校建设,在硬件补缺、软件提质方面汇集专业

力量开展帮扶工作，将优质科教资源辐射全旗（县）。一方面，行管局"送教上门"，从北京选派优秀教师和校长赴地方开展面向全旗（县）和对口帮扶园（校）的教师和园长（校长）的专题和综合培训。另一方面，地方"引教入门"，即每年安排帮扶园（校）教师和园长（校长）到北京跟岗实习、现场观摩等。同时，通过远程平台，进行日常教学沟通交流；以选派优秀教师现场培训或远程培训的方式，为地方教师提供专业指导，从而帮助地方教师团队更新教育观念，丰富教学方法，提高教育教学质量。此外，行管局还邀请地方骨干教师参加"名师工作室"线上线下活动，帮助地方培养骨干教师，切实提高地方教师的教研水平和教学技能。

2019年11月14日，中科院院长、党组书记白春礼赴水城县视察全院科技扶贫工作。在视察水城县学前教育示范基地开展的帮扶工作时，他高度评价行管局扶贫扶智的工作效果，并强调要坚持"志智双扶"，摆脱"等、靠、要"等依赖思想的束缚，逐渐实现心理脱贫，特别要注意加强中小学学生的理想信念教育，努力阻断贫困代际传递。同时他还提出，要加大科普力度，提高专业化水平，切实解决在教育实践中遇到的问题，帮助水城县教师团队更新教育观念、丰富教学方法，全面提高水城县学前教育的质量和水平。

## 多方努力，精准实施

### ⚛ 投入资金，改善园（校）科学教育硬件环境

在学前教育领域，行管局在库伦旗和水城县共捐赠总价值达80余万元的实物，包括交通安全帽1125顶、交通安全绘本1125份、手偶100只、绘画本500册及价值70余万元的玩教具。目前，针对帮扶

过程中发现的库伦旗蒙古族幼儿园卫生保健管理信息化水平低和水城县第七幼儿园美术活动室教学游戏材料较缺乏的问题，为满足孩子发展的需求，提升卫生保健管理工作的规范，行管局与上述两所幼儿园沟通后，正积极组织相关捐赠工作。

在基础教育领域，行管局在库伦旗和水城县共捐赠总价值达20余万元的实物，包括"中国天眼"模型1套，以及《趣味百科全书》等图书7000册等。目前，针对在帮扶过中发现的库伦旗蒙古族小学和水城县第六小学科学教室教学及实验材料较为缺乏的问题，经与上述两所学校沟通后，行管局以中科院附属实验学校五年级正在实施的生命科学前沿探索课程为蓝本，向两所学校捐赠课程材料包，并计划通过"双师课堂"的形式与两所学校同步授课，以满足两所学校科学教育教学发展及教师培训的需求，提升科学课程质量。

### 投入资源，改善学校科学教育硬件、软件环境

1. 协调捐赠——开展助学助教活动

行管局协调北京中科科教发展基金会，为库伦旗提供3年总计100万元的助学助教资金，用于帮助部分优秀师生开展科教融合活动。目前，已组织73名优秀师生参加两次"走进中科院、走近科学家"助学助教活动，参观了中国科学院院史馆、"率先行动"成果展、京区部分研究院所及其博物馆。活动结束后，来京学习的库伦旗学生在给白春礼院长的感谢信中表示："将牢记白爷爷的嘱托。"而白春礼院长在回信中不仅表达了诚挚的问候，同时也希望来京学习的库伦旗学生能够珍惜美好时光、勤奋刻苦学习，早日成为有理想、有本领、有担当的优秀青年，为家乡发展和科技进步努力奋斗，也诚挚欢迎大家未来加入中科院这个大家庭，为祖国的科技繁荣贡献自己的力量。

2020年10月12～16日，库伦旗89名优秀师生赴长春市开展以"探访黑土军魂，坚定强国梦想；探索光学奥秘，揭开宇宙面纱"为主题的助学助教活动，参观中国科学院长春光学精密机械与物理研究所及航天信息产业园、长春中国光学科学技术馆、中国科学院国家天文台长春人造卫星观测站。

"走进中科院、走近科学家"助学助教活动旨在帮助师生塑造科学精神，通过与中科院一线科学家面对面交流，学习和了解我国最前沿的科研技术和力量，培养师生的科学思维和科学素养，在他们的心中埋下"学科学、用科学、爱科学"的种子，激发他们努力学习，拼搏向上。

2. 争取项目——推进"科普阅读进校园"活动

行管局积极争取中科院2019年度科普项目资助，在水城县小学开展"科普阅读进校园"活动。结合当地需求，设计了"由科普阅读导入，由科普报告展开"的"阅读+科普"的新形态。2019年10月，行管局在水城县小学举办了一系列科普讲座，如通过"地球，人类的幸运星"讲座，结合实景图、模拟动态图，生动形象地带领全体参培师生走进人类的家园——地球，讲解了地球的结构及演变过程；通过"如何写一个真实而生动的科学人物"讲座，使参培学生形象地感受到换一个角度看问题，换一个角度写作带来的乐趣，使参培教师充分体会到跨学科学习和整合学科资源进行教学的重要性。两场讲座大获成功，受益师生共640人。

"科普阅读进校园"活动，不仅激发了学生对科学和写作的兴趣，更让教师进一步认识到科学对人类发展的重要意义，对今后学生的学习和教师的教学都起到了一定的引领作用。

3. 扩大影响——"科学快车"深入校园

2019年6月,"科学快车"满载着科普展品驶入库伦旗。先后在库伦旗体育馆、库伦旗蒙古族幼儿园、库伦旗蒙古族小学开展了20余场科教活动,受众达6000人次。在库伦旗蒙古族小学,"科学快车"为当地学生带来了科技大餐。"科学快车"的科普展品、展板涵盖深空、深海、深地、深蓝、生命科学、农业生态等领域,可以让学生近距离感受最新的科研成果。此外,学生与志愿者共同完成科学小实验,观看了球幕影院里播放的电影,在游戏中学习科学,体验科学的魅力。库伦旗蒙古族幼儿园的小朋友通过绘画描绘自己心中的"科学快车",10米画卷承载了他们对科学知识的向往。2019年11月,"科学快车"到达贵州水城县,在当地的幼儿园和小学开展系列科教活动,助力科教帮扶系列工作,受众达5250人次。

"科学快车"科教帮扶活动,把中科院高端优质科普资源送进库伦旗和水城县,助力科技扶贫工作,将科学的种子深深埋进孩子的心里,为阻断贫困的代际传递打下基础。

## ⚛ 提供培训,提升师生自我成长的"造血"机能

行管局积极组织下属幼儿园园长、学校校长及优秀骨干教师对库伦旗和水城县教师开展培训和示范授课,努力提升自我成长的"造血"机能。

1. 学前教育领域

围绕课程建设、各年龄班区域活动内容及环境创设等,行管局下属幼儿园对库伦旗和水城县76所幼儿园教师开展了远程培训93次,听课教师3653人次。2020年3月,行管局下属幼儿园克服新冠肺炎疫情影响,采取线上培训方式,对库伦旗多所幼儿园的教师进行了课题申

报等相关知识、方法的系统培训，对保育员进行了保育知识的理论和实际操作等方面的培训；对水城县教师进行了依托自然角培养孩子科学观察与科学探究能力等系列培训。

2020年6月18日，在行管局下属幼儿园的精心指导下，库伦旗蒙古族幼儿园建园以来第一个市级课题顺利通过通辽市2020年教育科研课题审核，批准立项。同年8月，应库伦旗教体局的要求，行管局组织了当地保育员参加为期1周的远程培训与线下笔试和实操的考核。目前，已有181人取得了保育员上岗培训合格证书。

此外，行管局下属幼儿园9次共选派28名优秀骨干教师和园长赴库伦旗和水城县，对两地79所幼儿园的部分园长、副园长、业务主任、骨干教师开展共计1420人次的实地培训；并就幼儿园科学区、自然角等区域创设和区域活动目标设计、教育教学管理等相关工作进行了现场指导、培训和示范，提升了当地学前教育教师的保教水平和保教管理的能力。

2. 义务教育领域

行管局下属中科院附属实验学校先后选派31名优秀教师和校长分8批次赴库伦旗和水城县，通过系列讲座、展示课、研究课及评课等形式，对库伦旗40余所中小学教师、校长开展了2448人次的教学培训，为6所小学1000余名学生提供了科学示范课程。每批次培训都由1名副校长率队，随行博士教师、主任级教学骨干、优秀班主任各1人，按"规定动作＋自选动作"的形式设计帮扶内容。"规定动作"有"四个一"，即面向中小学中层以上干部做一场学校管理经验大报告，面向学科骨干教师讲一堂学科教学示范课，面向在校学生上一堂博士科学课，以及面向学科教师组织一次教研听评课。"自选动作"则是根据库伦旗教体局、水城县教育局及帮扶学校的需求，增加有针对性的报告、讲座、研讨、集中备课等教育教学交流活动，与当地教师分享教材解读、教学设计、课标把握及教学资源融合等经验与做法。这些京区的优秀教师和管理人员走进课堂和教研室讲课、听课、评课，先后形成"师徒对子"30余对；回到北京后，还继续通过网络交流，实行远程指导。

## | 未来工作思考 |

科教帮扶，核心在"扶智"。推动贫困地区教育事业快速发展、教师队伍素质能力不断提高，让贫困地区每一个孩子都能接受良好的教育，是扶贫开发的重要任务，也是阻断贫困代际传递的重要途径。2020年脱贫攻坚任务如期全面完成后，巩固、提升脱贫攻坚成果，以及激发乡村内生发展动力的任务依然艰巨。今后，对欠发达地区深入持续进行精准"扶智"是必需的。未来，行管局在"科教帮扶"工作中，要在帮扶模式、内容、精准结对方面进行新的探索。

### 要探索新的"科教帮扶"模式

运用远程教学技术，实现"双师课堂"，缩短贫困地区与教育先进地区的空间距离，使贫困地区能跟得上教育改革与发展的进程。随着5G网络建设在贫困地区不断推进，未来可以更好地发挥其覆盖面广、单位成本低、可持续性强的优势，使用"双师课堂"模式，以满足欠发达地区受教育者学习时间和学习需求个性化、动态性的要求。

### 要寻求新的"科教帮扶"内容

扶贫更要"扶志"，这是"科教帮扶"的终极目标。要加大对贫困学生和家长的教育力度，通过开办"远程家长学校""走进科学院、走近科学家"等活动，提升学生和家长的精神境界、文化知识水平、信息素养、科学技术水平、创新信心与能力，以及终身学习的能力，夯实"扶志"的根基。

**⚛ 要构建精准结对的共同体**

加强教育先进地区与贫困地区师师之间、师生之间、家校之间的精准结对，实施以新型平台为纽带的远程泛在、多方协同、高效适切的精准"扶智"，以期实现"科教帮扶"的长期化、稳定化、实时化。

参考文献

段从宇, 伊继东. 2018. 教育精准扶贫的内涵、要素及实现路径 [J]. 教育与经济,(5):23-29.

赵兴龙. 2019. 精准扶智：内涵与典型实践的探析与思考 [J]. 中国远程教育,(7):5-12, 96.

# Cultivating Future Scientists

# 科学教育发展探索与启示

# 科学教育工作中院所两级管理存在的问题及解决对策探讨*

胡　吉　中国科学院行政管理局
鞠思婷　中国科学报社
龙艺璇　中国科学院文献情报中心
陈　凤　中国科学院大学公共政策与管理学院

　　我国教育改革的一个重要方向是大力发展素质教育，而大力发展素质教育的一个重要环节是发展科学教育。科学教育传授给学生的除了一般科学知识外，还有科学态度与实践探究精神，这些都是培养和提升学生综合素质的基本途径，也是我国素质教育发展不可或缺的组成部分。发展科学教育就是要培养学生的科学素养及思维能力，将各个方面的资源整合，共同推动科学教育的发展。作为中国自然科学的最高科研机构的中科院，是国家在自然科学方面的最高咨询机构、全国自然科学与高技术的综合研究发展中心，切实推进科学教育工作是中科院义不容辞的责任。本文从中科院独特的院所两级体制入手，结合中科院科学教育发展的现状，分析中科院当前科学教育活动开展过程中存在的主要问题，探索中科院院所两级科学教育联动的新机制，提出中科院科学教育良性发展的思路和对策。

---

\* 本文于2019年发表在《高教学刊》第21期上。因出版需要，文字有删改。

## 院所两级体制下中科院科学教育发展现状及存在的问题

联动，原指在一个系统内，有若干相互关联的事物，当其中一个或部分事物运动或变化时，其他事物也跟着运动或变化，即联合行动。联动机制在科技创新、应急管理、政用产学研、税收、人才培养、综合执法和公共服务等社会研究方面有着广泛的应用。其类型多样，包括引导型联动、转移型联动、聚集型联动等。在展开联动机制分析时，要注重联动系统中主体间的战略协同、资源协同、信息协同、决策协同和制度协同，通过合理布局，实现不同要素的有机联系、协调配合、资源共享和效能提升。同时要从组织领导、资源共享、激励约束、考核评价和组织文化等角度对联动机制的动力机制、保障机制和评价机制进行剖析。目前，学术界关于联动机制的相关研究主要集中在社会治理、应急管理等方面。在教育领域，数量不多的研究主要从中小学、高等教育、高职教育（创新型、技术技能型人才）等视角展开，而针对科研院所的科学教育体系和协同机制的研究极少。众所周知，科学教育非常依赖资源，中科院拥有完整的自然科学体系和基础，集聚了国内外顶级的科学家和科研人员，产生了大量国际前沿的科研成果，能够为我国的科学传播和科学教育工作提供无可比拟的资源和条件。然而，无论是在学术界还是科学教育实践中，针对如何在院所两级的体制下充分调动资源开展科学教育，实现科学教育体系和中科院管理模式协同的相关理论和机制研究极度匮乏，因此，进一步拓展科学教育领域联动机制的研究具有重要的理论价值和实践意义。

1949年中科院成立之初，院所两级的组织管理体制就一直是中科院的根本组织制度，如今，在该体制的指导下，中科院具备"中科院学部出思想、研究型大学出人才、科研机构出成果"三位一体的优势和特色。尽管目前中科院已经在科学教育工作中取得了初步成果，但是在实践过程中仍旧存在一系列的问题，主要表现在以下七个方面。

第一，科学教育活动形式和内容较多，但缺乏系统性。根据问卷调查结果，九成以上的院所开展青少年科普或科学教育的形式都是科普讲座，六成以上已开展了参观实验室活动，五成以上已开展了科学教育课程和科学研究小课题；开展研学旅行的情况与该院所是否有全职科普岗位有关，有全职科普岗位的院所有五成以上已开展求真科学营，近四成已开展除求真科学营之外的研学旅行，而没有全职岗位的院所只有不到四成已开展求真科学营，不到两成已开展除求真科学营之外的研学旅行。

第二，科学教师缺乏教育学专业性。科学教师是科学课程的主要实施者，科学教师自身的科学技术素养、科学实践能力、传授知识的专业技能等，都是影响科学教育课程效果与未来发展的重要因素。中科院院所两级科学教育，由很多包括院士在内的高水平科研人员担任，他们的科研水平和科学素养处于领先水平，但是授课规范和模式与学校一线教师相比，存在一定的差距。同样的，学校的科学教师教学模式多样，具有很高的教授技巧，但是在相关专业的视野和深度需要进一步拓宽。

第三，各院所科学教育工作的开展深度和水平参差不齐。根据科学教育工作开展的情况，可以把中科院各院所分为三类。第一类是本身有场馆的研究所，如植物园科普网络委员会、天文科普网络联盟和标本馆科普网络委员会内的各单位，基于科普场馆的优势，开展优秀的科学教育活动本身可以提高场馆的知名度，增加门票收入，因此，科学教育工作普遍做得较好。第二类是没有场馆，但本身做得很有特色的研究所，如中国科学院物理研究所以微信公众号为依托，其科学教育工作在自媒体时代具有较高的活跃度和品牌知名度；中国科学院自动化研究所以 VR 等智能化高科技设备为依托，也将科学教育工作做得有声有色。大多数研究所属于第三类，科学教育工作开展得比较被动，一般就是完成科学传播局每年规定的活动。

第四，部分院所开展科学教育工作的动力不足。在调查走访的过程中发现，多数科研院所没有专门的科学教育经费用于开展科学教育活动，科普管理者尤其是非全职科普管理者认为开展科学教育活动不仅消耗精力，而且对考核无益，因此除例行开展既定的必须开展的科学教育活动之外，并不愿意主动开展科学教育活动。即便是在与企业的合作中，也仅有78%的院所的科学教师的劳务费得到了提升，约34%的院所可以得到一些科学教育经费，约27%的院所可以得到一些场地使用费。总体来讲，经费、考核和激励机制不到位，是院所开展科学教育工作动力不足的重要原因。

第五，院所科学教育工作的开展过分依赖于个人。通过分析比较各院所的科学教育工作发现，科学教育工作开展得好不好与人的关系非常大，通常科学教育工作开展得好的科研院所中存在对科学教育工作有极大推动作用的人。

第六，各院所科学教育工作缺乏统筹，未形成中科院合力。各院所开展科学教育工作有各自的特色、方式和合作渠道，比如上述的各院所开展的科学教育活动形式较多，但均"各自为营"，院所间并没有充分合作和联动，在共同打造中科院"'科学与中国'科学教育"计划中缺乏系统规划。2018年5月20日~6月30日，中国科学院北京分院率先做出改革，联合京区各院所推出"科学传播月"。2018年10月26日~11

月4日，科学传播局整合京区26个科研院所，推出首届"中科院科学节"活动，这些活动给中科院科学教育统筹工作提供了一种可能的路径。总体上来讲，中科院的科学教育工作统筹能力还需加强。

第七，各院所科学教育工作开展得不灵活、不开放。虽然超过九成的院所在开展科学教育工作的过程中与企业或学校有合作，但在合作中，科学教育工作仍然开展得不灵活、不开放。在与企业、学校合作过程中，八成以上的院所为合作方提供活动或课程设计方案、科学教师和科普场地，逾五成的院所提供活动器材及耗材，逾四成的院所帮助进行科学教育活动宣传工作，而院所从企业得到的也仅仅只是劳务费；少数合作以项目的方式合作，有经费输入。

## 造成中科院院所两级联动管理瓶颈的原因分析

### 院所缺乏统一管理，科学教育资源调动困难

目前，中科院科学教育工作的最上层管理单位是科学传播局，但由于受到单位性质和工作人员数量较少的限制，无法直接统筹管理各院所的科学教育工作，于是将科学教育工作的统筹和规划职责定位到分院，而分院是管理部门，没有科研资源，在统筹工作中不知如何发力。同时，科学传播局还成立了6个联盟——网络科普联盟、植物园科普网络委员会、天文科普网络联盟、标本馆科普网络委员会、智能科学与技术科普联盟和科学教育工作联盟，但联盟各成员分散在全国各地，组织形式较分散，受地点和权责不明确的限制，统筹工作也较难开展。

### 科学教育工作配套机制不完善

中科院各院所内科学教育工作缺乏配套机制，如评估、奖惩、监督、约束等。一是对管理人员的考评制度，在没有设置专门科普管理者的

多数院所没有涉及科学教育方面的绩效，也没有任何对于科普管理者的激励政策，而设置了专职科普管理者的院所也没有非常明确、具体、科学的绩效考核标准。二是对科学家做科学教育没有任何与考核相联系的激励和约束机制，最多能得到少量稿费。长此以往，对于中科院的科学教育工作的全面性、广泛性和针对性及常态性具有不利影响。

### 与企业合作缺乏强有力的合作纽带和合作载体

目前，各院所与企业合作通常是企业主动寻求合作，或者是院所熟人介绍合作，合作的范围非常窄，通常一次活动就结束了，即仅仅是基于某次具体科学教育活动为载体的合作。这种情况下，院所和企业之间的合作关系存在很大的不稳定性，合作的深度和广度不足，通常"重表面""走形式"。这就需要一个强有力的合作纽带和合作载体形式，让合作保持长期稳定，减少每次合作的沟通成本，使合作更有效。

### 与企业合作缺乏保障机制，双方利益都得不到保障

由于多数都是口头协商的合作，双方尤其是院所参与的积极性不高、主动性不强，导致企业在合作中难以保障契约的合理履行。同样的，院所或个人也没有利益保障机制，无法在合作中保护自己的权益。

## 完善中科院院所两级科学教育的联动机制和实施路径建议

### 建立科学教育系列标准

建立中科院的科学教育系列标准，开展教师培训，建立产品认证和行业权威。目前，市场上的科学教育产品同质化现象很严重，科学内容很陈旧，课程质量水平一般，而中科院本身是与科学家和前沿科学成果最接近的地方，开展科学教育具有得天独厚的优势，这也是很

多企业愿意与中科院合作的原因。中科院科研院所在开展科学教育工作时的科技教师分为两类：一类是科学家，另一类是科学教育专业人员。科学家的科学技术素养与科学实践能力很高，但教学经验可能存在不足。针对从事科学教育的科学家，应以教学专业培训和交流为主，帮助其提高"知识传授技能"，使其能够以通俗易懂的语言和精炼优化的实验来传授科学。科学教育专业人员的培训则主要关注于科学方法的培训、科学思想的熏陶、科学进展的科普等。

### ⚛ 统筹中科院科学教育资源，实现标准化平台化统一管理

中科院各院所均有各自非常优质的科学教育资源，但这些教育资源总体来讲非常零碎、不成体系，且没有被推广而得不到充分利用。中科院应将这些科学教育资源进行标准化统筹，建立一个网络平台对外分享和提供这些资源。建议建立两大科学教育人力资源库：一是专家资源库，将优秀的热衷于科学教育的科学家、具有专业水平的科学教师和科学教育专家纳入专家库；二是中科院大量的研究生资源也是科学教育的中坚力量，可以进行志愿者统一管理，将对科学教育感兴趣的研究生的信息录入系统而形成一个志愿者库，这将是开展科学教育非常有价值的人力资源库。

### ⚛ 优化统筹管理机制

优化统筹管理机制，院所之间职责明确，合力统筹。优化科学传播局、分院、联盟、研究所之间的统筹管理机制，确保各单位职责明确，在科学教育工作中能够形成合力，达到1+1>2的效果。对各单位的职责具体建议如下。科学传播局出政策、定规划、做考核、支持财政经费；分院连接科学传播局与研究所，进行协调管理、效果评估；联盟直接受科学传播局管理，主要对接院外资源和研究所，在科学传播局限定

的范围内组织研究所或与分院合作开展特色活动、筹措资金等。各分院发挥地区统筹的作用，联盟发挥专业性的作用，例如，中科院欲举办中科院植物科技竞赛，可以由植物园科普网络委员会来承办，以分院为单位在全国各地进行初赛筛选，再由科学传播局和植物园科普网络委员会协商挑选在某分院或研究所开展决赛。

**⚛ 落实政策保障机制**

落实政策保障，完善绩效考核、评估体系、激励奖惩等管理机制。科学传播局应研究制定一系列相关政策，以保障科学教育工作的顺利进行。具体来讲，健全针对科普管理者的绩效考核机制和针对研究所或科学教育活动的评估体系。例如，为解决科普管理者和科学家开展科学教育工作动力不足的问题，要首先用政策法规明确研究所做科学教育的义务，其次对各院所达到绩效考核的所有科普管理者给予年终绩效津贴，给排名靠前的科普管理者以额外的年终奖金和"优秀科学教育工作者"称号，每年表彰科学教育工作突出且为中科院树立良好形象的若干"网红科学家"为"具有社会责任感的优秀科学家"称号，对科学教育工作突出的研究所挂牌"中科院科学教育基地"，每年评选一次。

**⚛ 深化与企业的交流与合作**

充分利用企业的力量开展科学教育是顺应市场化和科普产业发展的必然趋势。尽管中科院的科学教育被定义为公益事业，但作为资源方，仍然需要与需求方充分沟通。企业链接了需求方和资源方，通过企业可以更快与需求方获得联系，得到市场的第一手反馈，有利于中科院改善科学教育产品。科学教育作为公益事业也并不是面向社会所有人提供资源，如在向营利性企业提供资源时，需要考虑利益回报问题，以获得用于支持纯公益科学教育的资金或资源。

### ⚛ 深化与地方政府的合作

中科院在开展科学教育的工作时也应积极与地方政府合作。一方面,地方政府作为需求方对于该地区的科学教育规划通常是具有地方特色的,在充分沟通的过程中才能够详细了解地方的需求,方便进一步开展工作;另一方面,地方政府尤其是地方教育局对科学教育是有专项资金支持的,中科院有优秀的科学教育资源,应积极与地方政府合作,争取资金支持,将科学教育工作在该地区进行得更深入。

### ⚛ 探索国际合作

科学教育工作联盟也应积极搭建科学教育的国际交流平台,加强国际合作,提升国际影响力。如将国外高校和科研院所的优秀科学教育课程引进国内。举行科学教育国际论坛,为社会各界在科学教育研究及实践领域的交流搭建国际性的交流论坛,扩大参与人员范围,吸收更多不同领域的国内外科学教育专家参与,交流国内外科学教育先进的理念、教育方法和工具,并逐渐拓展跨国科技教师的培养与合作。

总之,要积极发挥科学教育工作联盟的作用,加强科学教育活动的总体统筹,深入实施"'科学与中国'科学教育"计划,形成合力,共同建设中科院科学教育品牌。

参考文献

陈桂香.2015.高校、政府、企业联动耦合的创新创业型人才培养机制形成分析——基于三螺旋理论视角[J].大学教育科学,(4):42-47.

范武,谭萍,董海青,等.2016.教学管理、学生管理和学生三位一体联动机制的研究初探[J].教育教学论坛,(50):8-9.

方向阳,苏益南,桂德怀.2015."教研用"联动：高职院校师资队伍建设机制创新[J].教育与职业,(3):82-84.

刘彭芝.2018.创新科学教育模式提升学生科学素养——以中国人民大学附属中学联合学校总校为例[J].创新人才教育,(2):26-32.

尚新爽.2013.学校德育工作联动机制的新思考[J].继续教育研究,(4):99-101.

施艳,杜尚荣.2015.中小学道德教育启用"家、校、社会"联动机制研究[J].教育与教学研究,(29):66-70.

闫小斌,朱琦芳.2018.城乡公共文化服务体系建设联动机制研究——以西安市创建国家公共文化服务体系示范项目为例[J].情报探索,(3):12-16.

# 浅谈科学教育理论实践
## 以月球知识为例

马应秀　宋华刚
中国科学院新疆天文台

　　教育理论与实践结合是一个自古以来一直被大众认可的道理，但是两者具体如何结合却存在争议。斯大林曾经说过："理论若不和革命实践联系起来，就会变成无对象的理论，同样，实践若不以革命理论为指导，就会变成盲目的实践。"那到底哪个更重要？其实在科学探索过程中，理论和实践是不可分割的共同体，它们相辅相成，共同存在，没有绝对的偏重。科学教育工作者也在不断探索和尝试，在教学和活动中检验效果、总结不足，进而不断改进。

　　科学普及工作者的主要职责是有效地将科学知识传播给大众。而科学普及作为一种社会教育，它有着与学校教育、职业教育不同的特点，即科学普及的社会性、群众性和非持续性。面对不同类型的社会群众，如何进行有效的科学传播是我们应考虑的重点。本文从天文科普工作者的角度浅谈科学教育理论实践，以普及月球知识为例，论述科学教育理论与实践的重要性。

## 科普内容与实践方式

以月球为例，其科普实践方式主要为月球直接探测和地面观测（分为望远镜观测和人眼观测）。因月球的特殊性——它是地球之外的独立个体，我们无法在地球上完成其理论的全部实践，只能部分去实践和检验，而实践的方法是月球直接探测和地面观测，日常更容易实现的是地面观测。综合月球的理论知识，人眼可以实践的部分有月相的变化、月球的公转和自转、月球的形态、月食等；望远镜可以实践的部分有月陆、月海、环形山、陨石坑观测等。我们可以根据实践方式的不同，选取应普及的理论知识。反过来，如果所需普及的知识点已确定，如环形山，那么用望远镜观测的方式便是首选。与其描述、比画环形山的形态，不如用眼睛直接观测；而对于知识点月相，人眼观测的实践方式就更切合实际。月相每天都在变化，而且月亮也足够大，人眼就足够观察其不同。因此，不同的理论知识应对应不同的实践方法，利用理论知识择取实践方法，结合实践方式渗入理论知识，两者密不可分。

## 利用重大天象传播科学理论知识

选取合适的时机做科学传播可以事半功倍，比如月食，它是天然的实践机会，结合月食现象可以普及月食形成的原因，以及月球、地球、太阳三者的关系。因天象的发生，诱发大众的好奇心，这种自发的好奇驱使他们主动寻求答案，这时理论知识的普及就能恰到好处，传播效果也事半功倍。月食发生前可借助媒体的报道进行前期铺垫宣传，活动当天可以选择网上直播、现场观测等多种方式同时进行。就近几年发生的日食、月食天象，新疆天文台都进行了现场直播和观测，传播效果不错。同时也带动新疆各中小学学校一起参与活动，效果很好。利用重大天象传播科学理论知识是短时间内有效普及科学知识的很好方式之一。

## 利用民生关注的天象传播科学理论知识

天文学属于基础学科，基础学科是研究社会基本发展规律，提供人类生存与发展基本知识的学科。这也说明了天文学的很多知识是和人们的生活紧密相关的。与月球相关的天象首当其冲就是月相。"月有阴晴圆缺，人有悲欢离合""举头望明月，低头思故乡"……这些诗词说明自古以来人们就关注到了月亮的变化。月亮以月为周期变换着月相，并且每天晚上升起的时间并不相同，每个月十五前后会变圆。以月相的变化普及月球的自转、公转等理论知识会显得顺其自然。但因月相变化的观察需要时间，至少为1个月，所以对于青少年和天文爱好者来说，可以将月相的知识作为1个小的社会实践研究。通过1个月的观察、记录，彻底明白其原理。其他民众，则可以借助中秋节、元宵节这样的特殊节日来观察月相。因这两个节日已经与民众的生活、文化紧紧地融合在一起，我们不需要普及现象，只需要借此机会科普理论知识。

## 利用专业设备传播科学知识

天文设备分为两种，即科普设备和科研设备。

### 科普设备

利用科普设备——望远镜直接观测，是普及天文知识最直接也是最有冲击力的一个实践方法，虽然肉眼可以看到一些天文现象，但远不及望远镜来得震撼。以月球为例，通过望远镜观测，可以直接看到陨石坑、月陆、月海、环形山。尤其是陨石坑和环形山，人的肉眼无法看到，日常皎洁、光滑、美丽的月亮在望远镜下竟然是一张"阴阳脸"（有亮有暗），而且满"脸"是坑（陨石坑）。这种反差会使大众观测一次就记忆犹新。为什么会有这么多坑？月球上没有大气和众多陨石撞击的知识便会深入脑海。这种感官上的反差有效地激发了公众对科学的兴趣，引发了他们的思考，进而达到传播科学知识的目的。

### 科研设备

地面科研设备主要以射电望远镜和光学望远镜为主。因天文观测的特殊性，大型望远镜都会建设在远离城市的山区。虽然日常参观会因距离远而受限，但是可以设计游学和冬令营、夏令营活动。新疆天文台每年都会接待和开展不同主题的研学游和冬令营、夏令营活动。现场观看科研大设备，与一线科研人员面对面交流，会使青少年对科学的认知和体会更加深刻。夜晚的观星、认星座也是非常好的实践机会，可以和地球的自转和公转、太阳系、星座等知识很好地结合。

此外，传统以观测为主的科普由于只能到现场观测、地方受限等原因，面向的受众群体比较小。随着互联网的发展，也可以在线同步直播观测，将望远镜下的画面呈现给在线观看直播的每一个人，这样受众量倍增，而且直播时没能及时观看的群体也可以查看回放。这样很好地提高了资源的利用率，有效地促进了科普的传播。

总之，科学知识的传播必然需要理论与实践的结合。但具体结合的方式方法会因内容、学科、受众对象和目标的不同而不同，不能一概而论。客观来说，事物都是变化发展的，实践也是需要发展的。将科学知识理论与实践结合做好科学传播，仍将是一个开放、值得不断探索的话题。

# 科学教育国际研究现状与趋势知识图谱可视化

朱 丹　毛 萍　赵鹤凌　张轶佳
中国科学院成都生物研究所

2020年是《全民科学素质行动计划纲要(2006—2010—2020年)》的收官之年,在实现社会主义现代化的新时期,国务院又印发了《全民科学素质行动规划纲要(2021—2035年)》,以期在未来继续提升我国公民科学素养的整体水平。科学素养是运用科学知识识别问题、基于证据下结论,以理解自然世界和人类活动对自然的改变,并做出相关决策的能力。

当今世界政治格局风云变幻,中美博弈很大程度取决于两国科技之间的较量,而国家当前及未来的科技水平与国家综合实力,则由各国践行实施的科学教育直接影响。由此看来,科学教育的改革发展对于一个国家的强大有着异乎寻常的重要性,一些国家甚至把科学教育提高到战略的高度,认为科学教育的成败决定着国家的安全与兴衰。

为进一步加强我国在科学教育领域的全球合作,更好地加强与其他国家的国际合作和做好支撑服务工作,需要深入洞悉科学教育在全球研究的优先领域和热点方向。近些年来,我国研究人员利用知识图谱工具开展专业学科领域研究分析，如在科学战略、管理科学、深度学习等相关领域均取得了研究成果。科学教育本身以哲学、教育学、心理学、教学原理为基础，以分科教学体现在自然、物理、化学、生物、地理等课程之中，是一个非常复杂的交叉学科体系。目前，在科学教育领域，我们尚未发现利用知识图谱工具进行国际研究现状与趋势可视化分析的文献。本文通过文献计量手段及可视化分析方法，直观形象地解读科学教育领域的国际研究的发展趋势、热点前沿、学科演化等，以期洞悉各国科学教育改革的发展内涵。我们利用引文工具进行数据挖掘，绘制科学知识图谱，探索学科的发展脉络，厘清科学知识的产出与分布，全面呈现国际科学教育研究概况。

## | 数据来源与研究方法 |

利用科睿唯安公司 Web of Science Core Collection 平台的 Science Citation Index Expanded（SCI-EXPANDED）与 Social Sciences Citation Index（SSCI）数据库，检索 2000 年至今以"科学教育"为题发表的论文及其引文信息。

以检索到的 1959 篇研究文献作为研究对象，利用数据平台自带的分析功能、Citespace 与 VOSviewer 工具进行统计分析、数据挖掘与科学知识图谱实现，全面掌握国际科学教育研究领域的学科发展趋势、研究力量、研究重点与研究热点分布。进行聚类分析，得到聚类树状图，通过可视化分析，最终绘制出国际科学教育研究热点知识图谱。

## 研究结果与分析

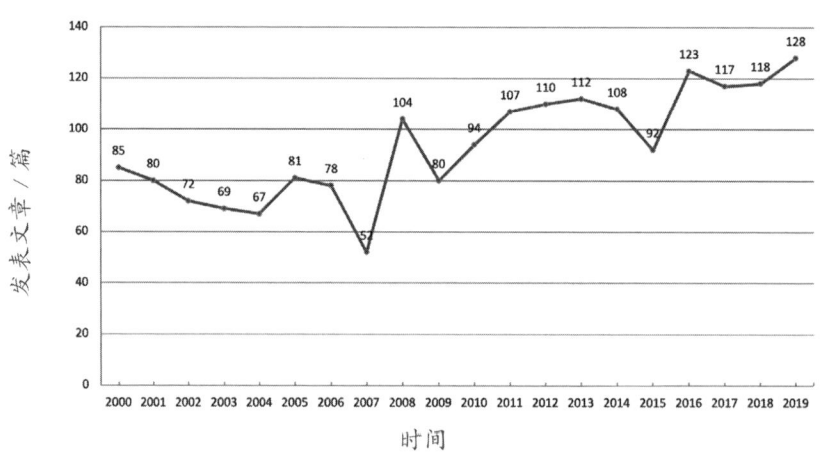

图 1　科学教育发文趋势图（2000～2019 年）*

在数据库中检索到科学教育研究论文共 1959 篇，发文量呈整体缓慢上升趋势。各国不断开展科学教育活动革新和理论实践研究，促使本领域的发文量不断稳步上升。

科学教育的发展过程，大致经历了与三次产业革命相对应的三个阶段。20 世纪四五十年代以后，在电子计算机及信息技术的发展应用基础上诞生了第三次产业革命，引发了各国对科技人才的高度需求。人才从哪儿来？新世纪，高素质科技人才从科学教育培养中来。因此，发展科学教育成为顺应国际科学技术发展的首要对策，科学教育成为各国教育改革的热点之一。在不同阶段的科学教育实践基础上产生了具有时代特征的科学教育理论，从纯粹重视科学知识教育或者科学方法教育，最后融合发展到"科学知识+科学方法"教育二者兼重的过程。

---

* 2020 年因不是完整年份统计数据，未在图中体现。

## 科学教育研究力量分布

表1 科学教育研究论文发表量位居前10的研究力量

| 序号 | 国家/地区 | 发文量 | H值 | 研究机构 | 发文量 | H值 | 研究人员 | 所在研究机构 | 发文量 | H值 |
|---|---|---|---|---|---|---|---|---|---|---|
| 1 | 美国 | 833 | 54 | 加州大学 | 62 | 15 | Sibel Erduran | 牛津大学 | 16 | 6 |
| 2 | 英国 | 155 | 28 | 伦敦大学 | 31 | 11 | Ingo Eilks | 不来梅大学 | 13 | 8 |
| 3 | 加拿大 | 92 | 17 | 北卡罗来纳大学 | 29 | 9 | Chin-Chung Tsai | 台湾师范大学 | 11 | 8 |
| 4 | 澳大利亚 | 91 | 24 | 纽约州立大学 | 26 | 8 | Angela-Calabrese Barton | 哥伦比亚大学 | 10 | 7 |
| 5 | 德国 | 85 | 16 | 佛罗里达州立大学 | 26 | 10 | Wolff Michae-Roth | 维多利亚大学 | 10 | 6 |
| 6 | 土耳其 | 52 | 8 | 威斯康星大学 | 26 | 10 | Fouad Abd-El-Khalick | 伊利诺伊大学 | 9 | 3 |
| 7 | 西班牙 | 51 | 9 | 得克萨斯大学 | 24 | 8 | Bruce Alberts | 加州大学 | 8 | 5 |
| 8 | 荷兰 | 46 | 17 | 加州州立大学 | 22 | 7 | Lyn Carter | 澳大利亚天主教大学 | 8 | 6 |
| 9 | 中国台湾 | 42 | 15 | 宾夕法尼亚州立大学 | 21 | 10 | Okhee Lee | 迈阿密大学 | 8 | 6 |
| 10 | 印度 | 39 | 4 | 佐治亚大学 | 21 | 9 | Jesse Bazzul | 马萨诸塞大学达特茅斯分校 | 7 | 4 |

结合数据库对文献分布情况进行统计，表1分别列举全球科学教育研究领域论文发表量排名前十的国家/地区、研究机构和研究人员，可以帮助明确科学教育的研究力量分布、现状和影响。其中，H指数能够比较准确地反映一个国家/地区、研究机构或研究人员的学术成就。简单来说，H指数越高，则表明发文主体的论文影响力越大。

研究实力最强的国家是美国，占总发文量的42.5%，研究产出占据了全球产出的一半以上，且H指数高达54，说明美国在科学教育领域具有重要的影响力与优势地位。英国和加拿大排名第二和第三，分别发表了155篇与92篇论文。我国台湾地区以42篇发文量排名第9。

研究力量前十的机构中，除排名第二的伦敦大学（31篇）外，其余9个都是来自美国的研究机构，这也从另一个角度反映了美国在此领域的绝对实力。排名第一的机构是加州大学，共计发文62篇；排名第三的机构是北卡罗来纳大学，发文29篇。

本领域研究人员发文量排名前3的发文量均超过10篇，分别是Sibel Erduran（牛津大学/16篇）、Ingo Eilks（不来梅大学/13篇）、Chin-Chung Tsai（台湾师范大学/11篇）。排名前十的研究人员中，美国有5名研究人员在列。

根据前文分析可以看出，美国在科学教育领域居世界领先水平，这得益于该国对科学教育战略方针标准制定及贯彻执行。

科学教育在中国的发展历程，经历了以1905年、1949年、1978年、2000年为分水岭的五个阶段。反思我国近现代科学教育的发展历程，起步虽早，但经历的几次改革都在理论与实践上没有特别大的突破与创新。20世纪70年代末，在对外开放和社会主义现代化建设的形势下，我国的科学教育才正式汇入世界科学教育的主流。2000年，中科院提出了"面向21世纪发展我国科学教育的建议"，并发表了《关于新世纪科学教育的几点思考》的综合性学术报告，由此拉开了新世纪科学教育改革的序幕。

统计数据显示，中国（不含港澳台）发文量仅排名第17位，在研究机构与研究人员排名序列中均未见中国（不含港澳台）进入前十。说明在科学教育领域，中国（不含港澳台）整体质量不高，还需硬化、强化、深化。科学教育工程还有很长的路要走，未来应精心调研、虚心学习，结合国情与教育环境特点，进行科学教育的改革与发展，全面提升国民科学素养，从而实现领域的"追赶超"。在世界性科学教育发展浪潮的今天，科学教育已与国家的科学发展密切地融为一体。

## |学科布局——主要载文期刊|

表2 科学教育类发文量排前十的期刊

| 序号 | 期刊名 | 发文量 | ISSN | 影响因子（2019） |
|---|---|---|---|---|
| 1 | Science & Education | 205 | 0926–7220 | 1.266 |
| 2 | International Journal of Science Education | 128 | 0950–0693 | 1.485 |
| 3 | Journal of Research in Science Teaching | 81 | 0022–4308 | 3.870 |
| 4 | Science | 72 | 0036–8075 | 41.845 |
| 5 | Journal of Baltic Science Education | 62 | 1648–3898 | 0.915 |
| 6 | Cultural Studies of Science Education | 55 | 1871–1502 | 0.437 |
| 7 | Research in Science Education | 44 | 0157–244X | 2.248 |
| 8 | Studies in Science Education | 44 | 0305–7267 | 3.700 |
| 9 | Chemical Engineering News | 34 | 0009–2347 | 0.461 |
| 10 | Current Science | 31 | 0011–3891 | 0.725 |

发文量排名前十的期刊详见表2，其中 *Science & Education* 以发文量205篇居第一位，*International Journal of Science Education* 与 *Journal of Research in Science Teaching* 以发文量128篇、81篇排名第二、三位。在发文量前十的期刊中，影响因子最高的是 *Science*，2019年的影响因子为41.845。*Science* 有一个专门针对科学教育的政策论坛版块，发表了大量关于开展科学教育创新改革、探究科学专业概念、提升科学素养的研讨文章，文章专业性和科学性较高，对各国科学教育研究有启示作用。

国际出版集团 Wiley 和 Elsevier 的相关期刊也发表了很多科学教育领域研究的热点论文。各国政府及出版商对科学教育都有非常高的期望，并进行布局，为成果发布和相关研究人员交流提供平台。

|主要学科|

图2对本研究集合的学科领域分布进行分析,排名前3位的学科分别是教育/教学研究(55%)、化学(9%)和科学技术其他学科(8%)。

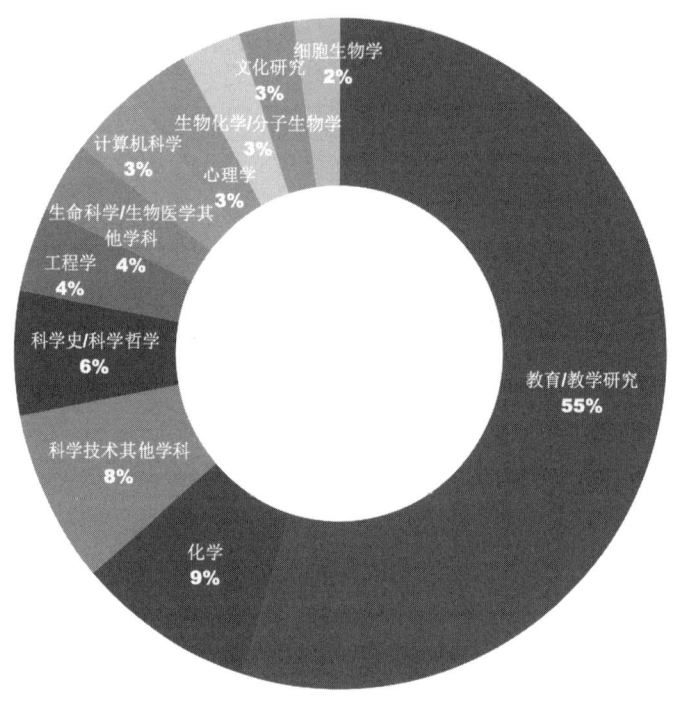

图2 科学教育研究排名前十的学科领域分布

科学教育覆盖了大量学科类群,这是一个需要我们全面整合各个信息片段、形成逻辑内聚力的学科知识体系,不仅包含物理、化学、生物、地理、工程、计算机等学科,还涉及教育/教学、科学史/科学哲学、心理学、管理科学和人文科学等相关学科,是一个庞大复杂且各学科之间相互影响、相互渗透的网络体系。科学教育中,科学知识结构由学科事实、一般概念、核心概念和科学主题4个层级组成,呈现了从知觉感受开始逐级进阶的深入。科学主题包括科学内容和科学过程两个方面。其中,科学内容涵盖的学科内容包括地球生命、数理化等学科的科学本质、科学概念等;科学过程涉及科学思维、研究方法、技能探索等。总而言之,科学教育不是科学知识的简单传授,而是为适应新时代科学技术发展所必须掌握的相关科学素养的一种养成教育。

## 科学教育领域研究重点与热点

### 全球高影响力论文

表3 全球科学教育高影响力排名前十的论文

| 序号 | 论文题目 | 第一作者 | 期刊缩写 | 通讯单位 | 被引次数 | 年份 | 主要内容 |
|---|---|---|---|---|---|---|---|
| 1* | The laboratory in science education: Foundations for the twenty-first century | Avi Hofstein | SCI EDUC | 宾夕法尼亚州立大学 | 884 | 2004 | 实验室研究在科学教育中的重要性 |
| 2 | Digital Game-Based Learning in high school Computer Science education: Impact on educational effectiveness and student motivation | Marina Papastergiou | COMPUT EDUC | 色萨利大学 | 646 | 2009 | 基于数字游戏的高中计算机科学教育 |
| 3 | Scientific literacy: Another look at its historical and contemporary meanings and its relationship to science education reform | George E. DeBoer | J RES SCI TEACH | 科尔盖特大学 | 430 | 2000 | 科学素养的历史、意义及与科学教育改革的关系 |

*代表综述文章。

续表

| 序号 | 论文题目 | 第一作者 | 期刊缩写 | 通讯单位 | 被引次数 | 年份 | 主要内容 |
|---|---|---|---|---|---|---|---|
| 4* | Promoting self-regulation in science education: Metacognition as part of a broader perspective on learning | Gregory Schraw | RES SCI EDUC | 内华达大学 | 421 | 2006 | 自我调节学习研究及对科学教育的启示 |
| 5 | Articulating communities: Sociocultural perspectives on science education | Jay L. Lemke | J RES SCI TEACH | 纽约市立大学 | 382 | 2001 | 科学教育的社会文化视角 |
| 6* | Professional development and reform in science education: The role of teachers' practical knowledge | Jan H. van Driel | J RES SCI TEACH | 莱顿大学 | 378 | 2001 | 培养教师实践知识在科学教育发展与改革中的重要性 |
| 7 | Science education in three-part harmony: Balancing conceptual, epistemic, and social learning goals | Richard Duschl | REV RES EDUC | 新泽西州立大学 | 329 | 2008 | 科学教育在概念、知识和社会学习目标之间的平衡 |
| 8 | The learning effects of computer simulations in science education | Nico Rutten | COMPUT EDUC | 特文特大学 | 311 | 2012 | 综述近十年来计算机模拟对科学教育学习效果的实验研究 |

*代表综述文章。

续表

| 序号 | 论文题目 | 第一作者 | 期刊缩写 | 通讯单位 | 被引次数 | 年份 | 主要内容 |
|---|---|---|---|---|---|---|---|
| 9 | The Use of Cronbach's Alpha When Developing and Reporting Research Instruments in Science Education | Keith S. Taber | RES SCI EDUC | 剑桥大学 | 303 | 2018 | 在科学教育开发和报告研究中使用的统计工具 |
| 10 | Inquiry in science education: International perspectives | Fouad Abd-El-Khalick | SCI EDUC | 伊利诺伊大学 | 295 | 2004 | 以国际视角阐释科学教育中探究的方法和目的 |

表3列举了全球科学教育高影响力论文排名前十的文章，其中有3篇综述，主要包括科学教育的探究方法、改革思路、模型工具、效果评价等方面，介绍了基于数字游戏的高中计算机科学教育、开展自我调解研究、实验室研究与教师实践知识培养的重要性，概括了科学教育的概念、社会文化视角及其与科学素养的关系，总结了使用计算机模拟及统计工具评价学习效果和开展科学教育研究的方法等。对高被引论文进行重点研读，可以启迪我们利用国际视角关注与学习科学教育发展进程中的研究方法和研究重点。

### ❀ 研究主要类群

基于VOSviewer工具主题词趋势分析，图中显示的为出现频次较多的主题词，词之间相邻越近表示相关性越强，关系越紧密。颜色深浅的节点表示不同主题词方向。

基于Citespace主题词聚类，依据主题词解析，颜色深浅显示不同聚类色块。

根据图3与图4，结合科学教育研究领域最受关注的主题词和聚类图发展趋势，综合文献分析与可视化呈现发现，国际上在科学教育政策理论概念研究及创新方法探究方面，取得了非常多的先进经验与成果，主要体现在以下五个方面。

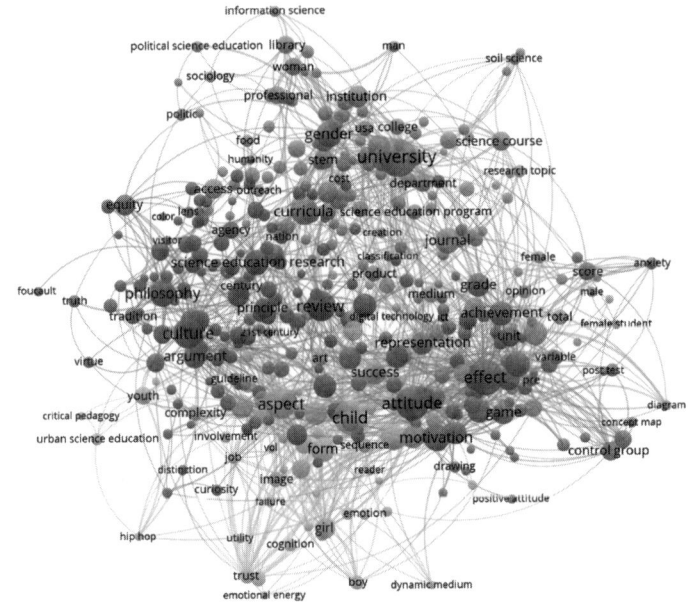

图 3　科学教育研究领域趋势图

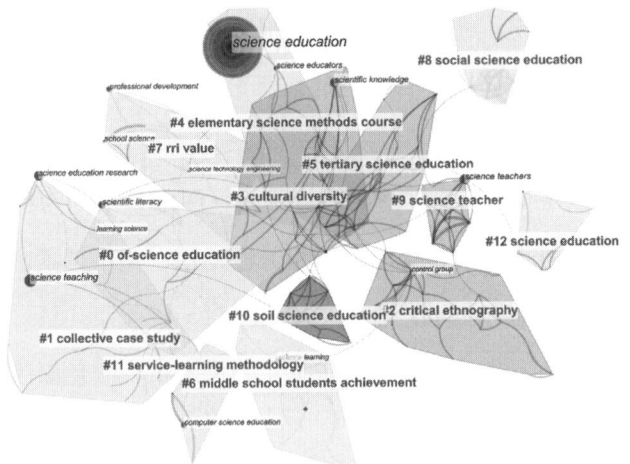

图 4　科学教育研究主题聚类图

1. 理论研究

利用研究模型演化科学知识，建构科学模型与框架标准，重视跨学科概念、核心概念辨析，深入打磨科学专业课程，进行课程设计模型和框架构建。关注科学教育的研究与实践，包括教育政策、教育计划与项目，以及教育发展的比较研究。培养具有批判思维的科学知识主体；树立全新的科学教育价值观念，重视科学师资建设，加强学科建设，促进培养出具有创新精神、创新意识和创新能力的一代新人。

2. 科学课程项目

精细分解和学习国际上现在广泛实施的如 STEM、IBSE、HPS 等项目的目标构成、标准规范、课程体系、运行制度等细节，再对标国内课程体系，促进国家相关机构制订国家科学教育目标和标准，促进形成国家科学教育体系，提升全民科学素养，建立多途径、多渠道的培养创新人才的通道。

3. 不同学科与不同阶段科学教育重点

进行科学专业课程精细化与系统化设置，开展数理化生及更专业的土壤科学、地球科学等学科的研究，构建课程设计的模型和框架，厘清项目设计与教学思路，结合不同阶段科学教育内容，针对高等教育、中学及幼儿科学教育对象年龄与学习能力特征不同，制订相适应的教学目标和统一的课程质量标准与课程体系，设计具有内在联系与不断进阶的课程项目，对学生进行系统的阶段培养。开展科学教育新方法探究，如集体案例研究、服务学习方法论、游戏学习项目、对照实验研究等。

4. 科学与人文、科学精神

加强"科学与人文"融合的理科课程的人文化教育研究，加强在科学教育过程中的科学精神概念重塑与培养。将科学知识、科学思想、科学方法、科学精神作为整体，培养公众尤其是青少年的科学态度、科学信念与科学信仰，让科学精神和人文精神在现代文明中交融贯通。重视宣扬科学精神，营造良好的富有科学精神内涵的社会氛围，探索在未来我国基础科学教育中实践科学精神教育的途径与方法。

5. 全球化科学教育多元性解析

在全球化进程中，科学教育也不可避免地会受到文化多样性、性别特征、宗教信仰、传统文化、哲学思维等因素的影响，呈现出独特的地域、年龄、民族特征。各国的教育目标几乎一致，即培养具有全球竞争力的人才。如何在这个进程中，平衡科学教育改革发展的独特个性与专业统一性的趋同演化，值得每个国家的科学教育工作者深思。

## | 建议 |

### ⚛ 加强科学教育理论体系研究

综合利用科学教育领域国家研究热点与研究前沿，研磨出适合我国国情的教育方法，制订出具有中国特色的创新课程体系，弥补我国科学教育的薄弱环节。中科院院士、中科院科学教育与科学普及和战略情报等主管部门应牵头拟定科学教育国家层面的战略方针，制定"2049～2099年国家科学教育创新愿景"，呼吁全国各部委加大推进科学教育政策和相关行动的力度，建设富有创造力和创新精神的科教资源，以保障国民在日益激烈的环境中保持竞争力。

### ⚛ 进行科学教育专业课程体系改革，加速科学教育上下游人才培养

从2001年教育部批准设置科学教育本科专业以来，我国现已有近100所高校开设了科学教育本、专科专业。科学教育专业的目标是培养

高素质的科学教师，但在其发展过程中，遇到了不少问题并亟待解决。科学教育专业课程体系应进行深层次的改革，将自然科学知识整合形成新的知识结构体系，包括对理论知识、科学方法和实验技能的整合，不同科学领域知识与技能之间的融通与连接，力求反映科学、技术与社会的互动与关联，并与心理学、科学史等学科结合。我国现行科学教育专业课程均为单科目分门别类编排设置，缺乏系统认知和科学方法的建构，缺乏有效整合的课程设置，不利于师范类学生掌握系统的科学课程教学方式和方法。科学教育既是一种教育方式，也是一种教育理念。目前，我国缺乏高水平的科学教育专业师资力量，缺乏上游管理型、政策型、研究型的人才。

建议中科院及相关高校开设科学教育专职教师的继续教育培训班，制定科学教育课程体系的规范化纲要，打造科学教师实践基地，增加科学教师与国际前沿科学项目和顶级科学家面对面学习的机会，鼓励和提倡科研院所的优秀科技人员到学校兼职任教，进一步促进全国科学教师素养的全面提升，培养新一代的科学教师。

### 创立科学教育学术期刊，搭建科学教育交流平台

我国科学教育的期刊大多数集中在教育的中下游，即主要在初高中理化生科学课程设计、中小学及幼儿园学龄前教育方式探究，论文同质化较高，理论水平偏低，多以教育刊物为主，以某个学校、某个学科教学设计和课程实践为主要内容。经调研发现，我国缺乏科学教育关于战略方针规划、标准制定、政策研讨等方面的专业性学术期刊，科学教育类学术期刊也暂未得到期刊集团的关注与重视。

建议依托中科院及相关高校科教资源创设科学教育新刊，或在已有的高质量科教融合领头期刊开辟科学教育专栏，建立我国科学教育

的旗舰学术刊物，鼓励院士畅谈科学教育，引入"大家"论点，为建立适应中国国情的教育体系提供理论依据，探讨新时代科学教育发展的战略基点、政策要点、领域重点，用战略方针及规范标准指导中下游教育者执行。进一步扶持高水平科学教育研究，加强根植于国家科学创新发展的教育理念，促进科学教育质量长远提升。

### ⚛ 建立科学教育成效评价体系

科学教育的任务不仅要培养未来的科学家，还要提高全民的科学素养，建立正确的科学价值观，弘扬科学精神。科学教育必须制订教学目标，也应该制订相应的成效评价指标。从科学素养培养、学习技巧获得、学习动机、学习态度、认知能力提升、学习成绩等方面开展深入研究，探讨科学教育成效，建立相应的评价指标体系。应在这方面重点关注国外已有的科学教育项目评价指标体系，同时结合我国科学教育的发展特点，构建一套科学、规范和全面的项目评估框架与评估标准来规范运行，以促进我国基础教育的改革与发展，为国内的教育理论研究和实践奠定基础。

## 参考文献

蔡铁权.2016.科学教育中科学精神的地位及养成[J].全球教育展望,45(4):79-93.

何世年,甘太祥.2002.科学教育的发展[M].北京:中央民族大学出版社.

胡玉华.2015.科学教育中的核心概念及其教学价值[J].课程·教材·教法,35(3):79-84.

李秀菊,黄瑄.2020.面向2035年科学教育发展的几点思考——基于九省市小学科学教育实践现状的调查结果[J].科普研究,15(4):24-31.

刘帆,文雯.2015.PISA2015科学素养测评框架新动向及其对我国科学教育的启示[J].教育科学文摘,42(304):117-128.

刘林,彭蜀晋.2010.科学教育专业所面临的问题与发展策略[J].四川教育学院学报,26(9):18-20.

路甬祥.2000.关于新世纪科学教育的几点思考[J].高教文摘,14(3):164-166.

毛萍,黄东晓,王芊华,等.2014.基于Web of Science的浮萍研究态势分析[J].中国农业科技导报,(3):177-184.

宋广文,李金航.2001.我国科学教育历史与现状的反思[J].教育发展研究,(9):78-80.

涂艳国.1993.科学教育理论的历史考察[J].教育研究与实验,(4):12-16.

王永斌.2003.中国科学教育的历史分析与发展对策研究[D].兰州:西北师范大学.

叶剑强,毕华林.2017.我国科学教育研究热点、现状与启示——基于2370篇硕博学位论文的知识图谱分析[J].课程·教材·教法,37(11):74-80.

张伟达,张伟成,王海艳,等.2017.STEAM教育对我国科学教育改革的启示[J].东南大学学报,19(2):136-138.

Chen C M. 2006. CiteSpace II: detecting and visualizing emerging trends and transient patterns in scientific literature [J]. J Associnf Sci Techno, 57 (3): 359-377.

# 刍议科学教育分众化传播的理论模式与实践路径

杨 阳
中国科学院自然科学史研究所

科学教育是科技革命的产物，作为现代教育学的新业态，它承载着培育公民科学精神与科学思想的光荣使命。党的十九大以来，科学教育的作用得到进一步深化，它不仅成为国家创新驱动发展战略、科教兴国战略与人才强国战略的重要载体，还成为科技创新重要一翼（科学普及）形成的重要手段。从功能上看，科学教育的实施与推广有效解决了我国传统灌输式教育模式与社会发展新需求之间的鸿沟。首先，科学教育多学科交叉的探究性学习方式使受教育者的知识结构由量变向质变演化，由一元线性向多元非线性的知识体系发展；其次，科学教育的泛在学习手段使教育资源不断开放与共享，使公民知识需求呈现爆发式增长，知识传播也呈现出由集中向分散转变的趋势；再次，科学教育重塑了知识的内涵，拓展了知识的外延，这使得现有知识不断通过重组、叠加等方式成为新知识，知识由存量时代转向了增量时代；最后，科学教育的应用属性增强了经济发展与知识产权间的紧密联系，加快了知识生产、吸收、扩散的速度，成为我国科技成果转化的重要基石。在此背景下，发挥科学教育的功能优势，建立崭新的、适应多重知识结构的科学教育体系，即根据不同受教育者的知识需求传递给他们相应的终端知识，甄选有价值的知识并逐步淘汰过时的知识，让受教者在单位时间内获取有效的增量知识，保障和加快知识转化和利用的速度，倒逼科学教育走向分众化的供给之路。

科学教育分众供给的前提是建立分众化传播的基础路径。目前，我国已具备了科学教育分众化传播的基础。在新一轮科技革命和产业变革中，技术创新引发的信息赋能为科学教育分众化传播提供了可能。首先，信息化破解了教育的时空限制，使优质教育资源的大规模开放和共享成为可能；其次，信息化对知识需求把握极为精准，不同种类的知识产品在泛在环境下产生不同形式的数据接口，形成一手的知识数据库，使教育者直观地看到受教育者的需求导向；最后，信息化使传播知识的边际成本更低，由于知识云具有很强的可扩展性和可伸缩性，可以实现按需分配计算资源，并通过虚拟化技术提高硬件设备的利用率和知识资源的转化率，有效降低了硬件成本和传播成本。

## |科学教育分众化传播的理念、内涵与模式|

美国学者托夫勒于1990年首次提出了"分众"的理念，其著作《权利的转移》明确指出了新闻传媒领域未来的三个发展趋势：一是传播内容更加丰富；二是传播渠道更加多样；三是传播受众根据兴趣和偏好而分化。英国学者麦奎尔肯定了托夫勒的预言，他在1997年出版的《受众分析》一书中详细给出了应对传播受众个性化需求提升的策略，即对传播信息的细分（segmentation）和分化（fragmentation）。由此，分众化传播开始诞生。从定义上看，孙宇和戴盈盈将分众化传播界定为个人或团体运用先进的传播技术，通过专向的媒介平台，向特定的信息需求群体传播有用信息或从信息源处获取有用信息的活动。通过总结，本文发现分众化传播的特征有三点：首先是目的性，即信息在生产、加工、传递三个环节中并非是混乱无序的，而是有组织有目的地进行信息处理和渠道疏通；其次是方向性，由于专向的讯息、媒介和受众的出现，导致信息在传播过程中的方向更加明确；最后是交互性，信息传播者为满足受众的需求和偏好，不断地调整、修饰、甄选传播内容，使信息传递变成一个多向、动态的过程。早在分众化传播理念形成前，分众化传播就有了一些典型的模式，因疏于总结，这些模式到21世纪后才得到重视。如施拉姆大众传播过程模式、德弗勒互动过程模式和香农-韦弗模式等，这些模式不仅淡化了传播者和受众的身份，还简化了传播渠道和不必要的传播噪音（干扰），使分众化传播为受众提供了一种内容清晰、传播速度快、针对性强、互动性频繁的私人订制式服务。

在科学教育中引入分众化传播理论是一种教育模式上的集成创新，它可以理解为教育者按照既定的教育目标，选定与之匹配的信息内容，并通过合适的传播渠道，将科学知识传递给受教育对象的一种活动。其传播的形式基本被圈定在科学传播的范围内。从概念上看，贾鹤鹏、刘立等认为科学传播是以公众理解科学的理念为核心，通过一定的组织形式、传播渠道和手段，向社会公众传播科学知识、科学方法、科学思想和科学精神，以提升公众的科学知识水平、技术技能和科学素养，促进公众理解、支持和参与科学。从公民理解到参与角度看，吴国盛认为科学教育分众化传播的内容应该包括四个方面：一是基础教育内容，传播对象为还不能掌握或熟练掌握生产生活技能和基础科学知识（常识）的人群；二是高级教育内容，传播对象为已掌握或熟练掌握一个或多个领域生产生活技能和基础教育的人群；三是知识构建内容，传播对象为已精通或掌握了某个领域知识和技能的人群；四是知识转化内容，传播对象为已熟练掌握某个领域知识结构，并懂得如何将这些知识向产业转化或衍生出更高水平的新知识的人群。

对科学教育分众化传播的效果主要来源于两个方面的评价指标：一是看科学教育工作者是否准确把握知识传播的行为，二是观察科学教育受教育者接收知识后的动机（效果）是否符合预期。根据国务院办公厅 2016 年 3 月发布的《全民科学素质行动计划纲要实施方案（2016—2020 年）》对科学传播工作的部署，科学教育分众化传播的目标可归结为公民从学习知识到运用知识的闭环过程；而科学教育分众化传播的动机则是公民从认识科学到参与科学的演化过程。据此，本文将科学教育分众化传播的目的与动机进行结合，并根据前文科学教育分众化传播的四个主要内容，构建了我国科学教育分众化传播的理论模式，如图 1 所示。

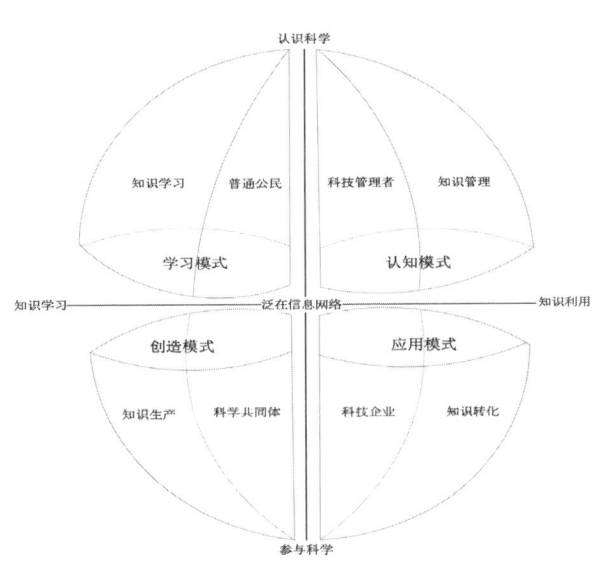

图 1　我国科学教育分众化传播的理论模式

## 我国科学教育分众化传播的实践路径

我国科学教育分众化传播理论模式分为公民面向成熟知识的学习模式、科技管理者面向前沿知识的认知模式、科学共同体面向新知识的创造模式、科技型企业面向产业知识的应用模式。这四种模式产生的学习需求、认知需求、创造需求及应用需求离不开科学教育分众化传播的团队建设、内容建设和渠道建设。据此，本文根据这三个方面提出了科学教育分众化传播的实践路径。

在实现科学教育人才队伍分众化建设方面，首先，增加科学教育研究团队与设计团队的编制数量，控制科学教育实施团队和管理团队的人员数量，实现科学教育分众化传播在研究、设计、实施、总结四个环节的均衡化发展；其次，与知名科研组织建立良好的合作关系，派遣优秀的人才前去学习交流，以提升科学教育分众化的知识构建能力；再次，吸引国内外科学教育领军人才到所在的组织中任职，以提升科学教育分众化工作的整体水平；最后，明确不同类型科学教育团队的基本职责和任职条件，设计与科学教育分众化传播工作相匹配的评价指标体系，以检查相关工作的落实情况。

在实现科学教育科学内容分众化建设方面，首先，梳理优质科教资源清单，这些资源匹配科学教育分众化工作的全过程应由各个知识供给方自主完成，最终形成符合知识供给方特色的品牌化科教资产；其次，根据全球科技发展动态，在内容建设上率先进行教育课程改革，加强科学导论课程的设置，搭建符合科学教育分众化需要的知识体系；再次，建设优质科教成果转移转化的技术平台，将科学教育嵌入科技创新活动中，以此激发全社会的创新创业热情；最后，根据科学教育分众化传播的不同属性开发相应的产品，如科普传播类的文化设计产品、科技传播类的咨政咨研产品、科学传播类的产学研用产品等，以此倒逼科学教育分众化内容质量的提升。

在实现科学教育分众化传播渠道建设方面，首先，按照科学教育分众化需求，搭建由科研人员组成的知识生产网络、由设计人员组成的知识加工网络、由教育人员组成的知识传播网络和由管理人员组成的知识评价网络，以此保障科学教育渠道建设的通畅；其次，借助国家"科教融合"战略带来的改革机遇，推进"大学校"模式辐射群体的精度和广度，吸引更多不同层次的科技需求者参与到科学活动中来；再次，以不同类型的知识供给方为核心，建立示范性强的科学传播联盟或基地，以解决不同类型知识需求方的实际困难为导向，形成有效的知识供需渠道；最后，进一步加强科学教育分众化传播渠道建设的专项资金与配套政策投入，以此保障相关工作的有序开展。

## 参考文献

丹尼斯·麦奎尔, 斯文·温德尔. 2008. 大众传播模式论 [M]. 上海：上海译文出版社.

贾鹤鹏, 刘立, 王大鹏, 等. 2015. 科学传播的科学——科学传播研究的新阶段 [J]. 科学学研究, 33(3):330-336.

孙宇, 戴盈盈. 2009. 网络电影：分众传播、产业融合与联合治理 [J]. 现代传播, (2):147-148.

吴国盛. 2016. 当代中国的科学传播 [J]. 自然辩证法通讯, (2):1-6.

Toffler A. 1990. Powershift：Knowledge, Wealth, and Violence at the Edge of the 21st Century[M]. Bantam Books.

# 丝绸之路视野下的科技史与科技教育

陈 巍
中国科学院自然科学史研究所

科技是当代世界主流承认的强势话语,科技进步也是公认的社会积极进步的标志,而历史能为当下和未来提供借鉴,是应予以珍惜的宝贵遗产,因此科技史无疑是容易为世界各国所接受的科学普及和科学教育的主题。近年在"一带一路"倡议下,中国与丝路沿线各国关系日趋紧密,这些国家的历史、文化、宗教、政治背景各异,通过提倡科学促进文化昌明、社会进步则几乎是所有当地政权共同努力的方向。丝绸之路作为自古以来贯穿欧亚大陆的文明交流之路,以丝绸之路为视角制订科技史教育方案,就成为促进丝路沿线各国文化交流、感受各民族在历史上贡献的智慧才能的一个良好切入点。本文即以笔者参与国际科学院组织科学教育项目(IAP-SEP)主导制订的"'一带一路'文明融合课程"为例,提出作为一名科技史学者,在丝绸之路视野下参与科技教育活动的几点体会。

## "'一带一路'文明融合课程"方案的制订过程

2017年12月，笔者应邀到马来西亚参加IAP-SEP"'一带一路'文明融合课程"的方案制订工作。

该项目由时任IAP-SEP主席、马来西亚科学院院士李怡章拿督倡导推动，主要由中国、马来西亚、印度尼西亚、泰国、巴基斯坦等国的科技教育工作者共同拟定课程方案后，在丝绸之路沿线国家逐渐推广，通过人文和科技相结合的方式促进青少年对本土文化的理解、喜爱和认同，引导他们加深对古代丝绸之路上各国文明的了解，增强民族自豪感的同时，扩大国际视野，促进文化融合。参会者认同以科技史作为人文和科技沟通的桥梁，而笔者的任务就是找到合适的内容并提供可靠的知识。

此次会议起草了课程指导框架，定义了"文化""文化融合""文化融合教育""文化融合课程"；给出了文化融合教育的目标与宗旨；明确以探索海上与陆上丝绸之路为主线，开展与科学概念、技能、文化等相关联的内容的学习。框架提出课程将采用探究式学习、项目式学习、基于问题的学习、情景式学习等学习方式，培养学生的批判性思维、合作能力、交流能力，以及创造力。框架同时对课程开发所涉及的教学资源给出了具体建议。

此后，2018年4月、8月和9月，课程方案制定组又分别在巴基斯坦首都伊斯兰堡、泰国首都曼谷和中国北京召开了三次研讨会，团队成员分成马来西亚和中国两组，分别组织课程和相关的内容。马来西亚同事主要关注与郑和航海有关的科技知识，除郑和所用船舶及导航中使用的星象导航技术外，他们从自己熟悉的饮食中找到了灵感，提出东南亚特产——香料可以作为课程的一项主要内容，通过学习，学生可以掌握这些香料对于食物烹饪和保存具有的重要意义。笔者除为马来西亚合作者提供了关于计时用的星盘，以及郑和所用船只的部分资料外，主要参与中国组的讨论，主题是陆上丝绸之路上的水资源问题（包括坎儿井和水车两项）、丝路沿线国家的宏伟建筑，以及中世纪被用于测量时间的星盘等工具。确定大致内容和提纲后，课程设计专家负责完成整体内容的编写。到 2018 年 12 月，课程基本设计完成，笔者参加了项目组在南京举行的最后一次集体讨论，协助对课程教材和教师手册中的内容进行修订。

课程内容编写完成后，开始对全国各地小学科技辅导员进行培训，笔者对此提供了两次在线授课，以协助辅导员理解坎儿井和伊斯兰文化中常见的星盘，每次授课均有数十位人员参加。2019 年下半年至 2020 年上半年，课程在中国广西的两所小学、巴基斯坦苏库尔的 1 所小学，以及马来西亚的 8 所小学开展试点，均收到良好的反馈。其中，巴基斯坦课程讲授的内容与当地水资源管理的传统技术实现了良好的结合，学生在"做中学"过程中获得学习乐趣的同时，对丝路文明也有了更加深刻的认识。

试点反馈显示"'一带一路'文明融合课程"初获成功，而不少 IAP-SEP 成员国提出，目前非洲和美洲文明还没有被纳入此课程，希望在第二版课程手册里能够加入非洲的努比亚和马里，以及美洲的玛雅、阿兹特克和印加文化的科技成就。对于此项课程能够获得越来越广泛的关注和肯定，作为科学内容的提供者之一，笔者倍感荣幸。

| 参加课程方案制订的几点感受 |

通过参与制订课程方案的国际合作项目，笔者得出以下几点体会，

或许对未来科学传播工作略有参考意义。

第一，此类合作项目如能设法借助国际友人的力量，可以起到事半功倍的效果。"一带一路"倡议提出许多互惠共赢的合理议题，这为国际友人，特别是海外华人同胞带来大量共享中国社会进步，建设对华友谊的契机。但在实践过程中，我们体会到外国人对"一带一路"倡议还有一个接受的过程，如由中国机构来主导项目的实施，有可能会成为中国课程方案制订者的独角戏，外国人或被动参与，或产生迟疑，这都会为中国机构带来额外成本。由国际友人扮演主导角色，既尊重国外参与者的意愿，又会考虑中国的接受度，从而淡化国际上对"一带一路"倡议的疑虑，拿出多方均乐意接受的方案。

此次文明融合课程从设计到推动，经过数次研讨修订，直到最后在丝路沿线国家落地和进一步扩大影响力，各个环节的进展都离不开马来西亚华人李怡章拿督的努力。李拿督尽管已届耄耋之年，但仍事事亲力亲为。在他的影响下，以马来裔学者为主体的马来西亚项目参与者均积极响应，与中国参与者亲密合作。可以说李拿督有力地撬动了马来西亚、印度尼西亚和泰国等东南亚国家参与热情的杠杆，使丝绸之路理念得以成形落地。李拿督对方案具体内容也多有指导，他能够考虑到最初以伊斯兰科学为主的内容很难为中方所接受，但同时也赞同马来西亚合作者提出的具有东南亚特色的内容，以及保留部分源于西亚的科技内容，兼容多元文化背景的内容设置是课程得到良好反馈并有机会在更多国家推广的关键所在。

第二，把历史与科技融合起来，能够有效提升科技教育的深度和吸引力。"一带一路"参与国多为当代的发展中国家，但在历史上不少国家都拥有辉煌的历史，特别是从东南亚到西亚和北非，均把历史上印度、伊斯兰所创造的科技成就视为本国的珍贵遗产。这就为中国和它们创造了共同话题,以当代科技为主题进行科技教育并不鲜见,如把科技和历史文化联系起来,为现代问题赋予时间维度上的纵深,使其与人类共同命运的发展联系起来。而与特定文化连接的科技史内容又能迅速唤起参与国家的民族自豪感和认同感,从而能为合作创建良好的基础。同时,科技史涉及领域广泛,贴近生活,适合青少年学习的题材随处可见,容易围绕具体科技门类的知识内核来设计课程的各个环节。

第三,学者参与设计科技教育课程,应考虑青少年教育的实际需求,对自己进行准确定位。毋庸置疑,学者在本人专业领域内应以精深研究为立足之本,但在参与科技教育项目时,如果此前较少参与相关工作,宜将自身定位为适应需求提供准确翔实的科学内容上,而非充当居高临下的指导者角色。在参与过程中,笔者深刻认识到课程设计是相当专业的领域,有一套与教育实践和青少年身心发展特点紧密结合的成熟体系,这与学者所熟悉的科研活动、学术报告、大学授课相差甚远。为此,学者应避免对自身聚焦领域的敝帚自珍或推广本人成果的意图,而应扩大视野,发散思路,基于专业与科技教育关注的重合区,对课程方案提出创造性的想法。笔者在系列研讨中,注意从研究所已有科学传播成果中寻找可用资料,并根据合作者提出的创意随时提供相关素材,这不能视为简单地迎合他人想法,而是一种在与其他专家团队合作中"做中学"的经历。

# 粤港澳大湾区新时代科学教育创新发展研究

匡延凤　田学义　廖景平
中国科学院华南植物园

科技创新力量是粤港澳大湾区发展的重要依靠。持续且高水平科技创新力量的培育是以公民科学素质的整体提高为基础的战略事业，而科学教育是提升公民科学素质的重要手段。然而，粤港澳大湾区的科学教育尚存在诸多问题，如科学教育的联动工作机制未建立、STEM教育本土实践的研究不充分等。本文通过分析当今社会对高素质科技人才需求的现状、世界科技强国的科学教育发展态势及科学教育促进全民科学素质提升的路径，提出粤港澳大湾区科学教育创新发展的对策：将科学教育创新纳入培养创新型人才的重要战略，打造STEM教育的"大湾区模式"，以助力科技创新人才培养。

## | 研究内容及结果 |

### ◎ 科学教育发展概况

科学教育是全面提升公民科学素质，培育儿童和青少年正确的科学观念和创新能力的根本性工作,也是我国建设科技强国的基础和关键途径。科学教育的目标是选择重要的科学观念,用学生乐于接受的教育方法,帮助其理解周围的世界及与他们生活相关的事件和现象,使其初步形成科学态度,掌握科学方法,了解科学精神,从而构建一个人健康协调发展的基础。英国是科学教育的发祥地,早在17世纪的"阿卡德米"(Academy)中等教育机构中就出现了教授自然科学的思想。20世纪80年代以来,美国先后提出"2061计划"、下一代科学标准(NGSS)等,引领了全球的公民科学素质建设。我国教育部2011年和2017年相继出台了《义务教育初中科学课程标准》和《义务教育小学科学课程标准》,重新定位了义务教育阶段科学课程的性质。这是我国科学教育发展史中的重要里程碑。

从发达国家的科学教育发展态势来看,学科交叉和融合已成为一种趋势。STEM教育就是这种背景下最具代表性的教育模式。STEM教育不以传授知识为主要任务,而是有目的地融合科学、技术、工程和数学学科的知识,以培养学生解决问题的能力和创新能力为目标。21世纪以来,主要发达国家都在国家战略层面制定了促进STEM人才培养的政策措施。与此同时,STEM教育本身的内涵也在不断扩展和延伸,囊括了计算机科学、计算思维、调查研究、创造与革新、全球沟通、协助及其他不断涌现的21世纪所需的知识和技能。

我国在2012年首次引进了STEM教育理念。中国教育科学院STEM教育研究中心2017年发布了《中国STEM教育白皮书》,并发布《中国STEM教育2029创新行动计划》,提出了对未来十余年STEM教育的展望。

然而,目前我国的应试教育模式仍然较为普遍,基础教育阶段的课程以语文、数学、英语等应试科目为主,科学课仍得不到应有的重视,甚至被边缘化。此外,我国学校在科学教育的观念及体制、课堂教学方式、课程与教学资源、教科书及其使用等方面与先进国家均存在明显差异,特别是学生自身推理能力的发展被长期忽略。而 STEM 教育领域则存在更加突出的问题:起步晚且发展不平衡,缺少国家战略高度的顶层设计,社会联动机制不健全,本土化探索和解决方案缺失,政策解读、理论探讨较多,实践研究相对较少等。

## 粤港澳大湾区的科学教育

1. 广东省科学教育的实施现状

第十一次中国公民科学素质抽样调查结果显示,2020 年广东省公民具备科学素质的比例为 12.79%,略高于全国总体水平(10.56%),只达到上海(24.3%)和北京(24.07%)的一半左右。但同时,2020 年广东省区域创新能力得分 62.14,连续四年排名全国第一。由此可见,广东省的公民科学素质水平和区域创新能力不相匹配,长远来看势必会对全省的创新能力发展形成一定的制约。此外,珠三角地区的公民科学素质水平为 15.21%,高于广东省的总体水平。珠三角、粤北、粤东和粤西地区科学教育发展不平衡,与经济发展程度密切相关。有调查研究显示,粤西大部分地区的经济水平较落后,存在科学课师资力量不足,教学设施落后,学校不重视科学课,学校资源无法满足学生对科学知识的需求等诸多问题。

《义务教育小学科学课程标准》明确指出,科学课程要面向全体学生,每一个学生都应有接受公平学习科学和有效指导的机会。2017 年 9 月,广东全省自小学一年级正式开设科学课,并出台了相关教学指导意见,明确了小学科学课程的性质——以培养科学素质为宗旨的科学启蒙课程。广州、深圳等珠三角经济发达城市已经开始重视小学科学课的开设，从1～6年级每周开设2～3节不等。然而，广东省从事科学教育的专业师资力量仍较薄弱，小学科学教师专业化水平较低，对探究性学习的认知不深，且科学实验室硬件设施和图书资源等较匮乏，开展个性化的探究性学习得不到保障。把科学课看作副科的现象比比皆是，对科学课的考察方式侧重对知识的考查，而忽略科学思维及科学态度的培养。课程标准也没有明确融入整合学科的教育理念。此外，家长的科学素质水平也在一定程度上制约了学生的科学素质提升。

目前，广州、深圳等城市虽然涌现出了较多的校外培优机构或研学机构开展人工智能、信息学等融合学科教育，但学生受益面较小，与校内学科教学也不能很好地结合，这在一定程度上加重了学生的学业任务和家长的经济负担。而且，校外机构的专业性和教学质量参差不齐，缺乏有效的监管。

2. 大湾区的科学教育发展

粤港澳大湾区是我国开放程度最高、经济活力最强的区域之一，包含广东省9个城市和2个特别行政区。近年来，广州、深圳、香港和澳门四大核心城市相继推出了一系列措施促进中小学STEM教育的发展。

2016年，深圳市出台了《深圳市中小学创客教育课程建设指南》和《深圳市中小学创客教育实践室建设指南（试行）》。这是目前我国地方政府文件中对STEM教育较系统的实践指南。2018年，深圳张海银STEM研究团队出版了从幼儿园至义务教育1～9年级的STEAM课例精编，这是国内首套STEAM教材。2018年，香港STEM教育联盟成立，定位是促进香港科普教育的领头羊角色，培养学生的科学素养，为香港未来发展成国际创新中心积累创意，并培养拥有综合、协作和解难能力的科技人才。2019年广州市两会期间，广州市科协、广州市教育局等部门表示将在全市学校推行STEM与创客教育，开展中小学学教师STEM教育专项师资培训，实施全市中小学校STEM、创客教育实验项目，大力支持STEM教育的"先行者"先行先试。

然而，目前粤港澳大湾区缺乏科学教育的顶层设计，各城市间未形成资源共享和协同互作的科学教育工作机制，针对STEM教育促进公民科学素质建设的专门研究也比较欠缺。

## 讨论与建议

粤港澳大湾区国际科技创新中心的建设，是提高广东省公民科学素质的重要机遇；公民科学素质的提高，是建设大湾区的重要基础，二者相辅相成。本文基于对科学教育发展趋势、广东省科学教育发展概况、STEM教育模式促进创新人才培养作用机制的分析，提出以下五点建议或思考。

### ⚛ 将科学教育创新纳入大湾区创新型人才培养战略

学龄前阶段及中小学阶段的科学教育对学生初步形成科学态度、培养科学精神具有深远的影响。我们建议将科学教育的重要性提升到创新型人才培养的重要战略和提高国家未来竞争力的高度，提高学前阶段及义务教育阶段的科学教育水平，充分发挥科学教育促进个人和社会全面发展的功能。

科学教育创新和我国的基础教育体制改革密不可分。在目前国家还不足以推行十二年义务教育的大环境下，鼓励广东省发扬"敢为人先"

的精神，在粤港澳大湾区先行先试，探讨率先实行免费的职业教育和高中教育的可行性，"以点带面"，促进我国基础教育体制的深度改革。

### ⚛ 创建大湾区科学教育长效工作机制

科学教育可以成为粤港澳大湾区联动机制建设上的重要突破。建议成立"粤港澳大湾区科学教育联盟"，加强顶层设计，突破体制约束，促进科学教育融合发展。以 STEM 教育为切入点，积极推动粤港澳三地各阶段、各类型教育领域的交流合作，建立具有大湾区特色的科学教育生态系统和长效工作机制，打造大湾区科学教育合作"共同体"。

### ⚛ 夯实科学教育师资队伍

科学教师是实施科学课程的核心和关键，充足的专职教师和合格的课程教学是课程实施和课程目标实现的重要保障。建议在高等教育领域增设更多的科学教育专业或设立科学教育通识课，优化专业课程设置和培养方案，打造专业化的科学教育师资队伍。

此外，要制订常规化的科学教师培训计划，引进国际先进的科学教育培训机构对教师进行职前培训、继续教育，开展科学教师任职资格评审与绩效考核，多途径提升科学教师的学科综合能力和科学教育水平。

### ⚛ 制订广东省科学教育课程标准

青少年是未来大湾区创新型社会的中坚力量。面向 2035 年和 2050 年，建议制订涵盖全体学生的科学教育标准和课程方案，同时通过政策引导和机制保障确保义务教育阶段科学课的核心课程地位。

深化科学课程改革与实施，注重学科融合和学生创新能力的发展，逐渐消除长期以来实行分科教学的弊端。未来社会是信息化时代，科学课程需要重点建设工程和技术内容，加强学科间的融合，发展跨学科、跨学段的综合育人模式。课程评价体系应强调提升学生的逻辑思维能力、问题解决的创新能力、同伴之间的合作能力，以及自我实现的激励能力。

### ◎ 打造STEM教育"大湾区模式"

成立STEM教育政策制定部门，构建集政府部门、科研机构、高新企业、社区和学校等多方力量相融合的良性STEM教育生态体系。设立STEM教育专项基金，提高STEM教育经费的预算比例。

建立STEM专题教育示范基地，鼓励和支持大湾区内的高新科技企业开发多样化的STEM人才培养项目，将高新技术企业研发中心、车间等向公众开放，普及企业产品研发生产过程与创新技术。充分运用博物馆、青少年宫、科技馆、数字媒介等社会力量，促进STEM教育非正式学习实践基地的形成。

### 参考文献

丁邦平. 2007. 中美基础科学教育的差异[J]. 课程·教材·教法, (2): 92-96.
温·哈伦. 2011. 科学教育的原则和大概念[M]. 韦钰, 译. 北京: 科学普及出版社.
张海银. 2018. STEAM课例精编[M]. 合肥: 中国科学技术大学出版社.
赵中建. 2015. 美国STEM教育政策进展[M]. 上海: 上海科技教育出版社.
赵中建. 2017. 美国中小学STEM教育研究[M]. 上海: 上海科技教育出版社.
郑葳. 2017. 中国STEAM教育发展报告[M]. 北京: 科学出版社.
钟萍, 何冰, 罗威, 等. 2012. 粤西小学科学教育现状的调查与研究[J]. 科教文汇, (14): 48-50.

# 基于科学可视化技术的教学应用与评估

徐奇智　葛媛媛
中国科学技术大学科技传播系

1987年在华盛顿召开的一次科学计算会议提出了针对数据场的可视化的解决方案，并形成了题为"科学计算可视化"（Visualization in Scientific Computing）的报告，被认为是科学可视化技术的开端。其本意是利用计算机图形学和计算机运算能力，将科学数据（包括测量获得的数值、计算中产生的数据等）转变为人类可以通过视觉感官直接获得的、直观的、以图形图像表现的、可与用户交互的、随时间和空间变化的光信号，使科学家能够基于此进行观察、模拟和计算。随着计算机图形学的发展，对科学数据的处理能力越来越强，再加上计算机、三维表现、虚拟现实、增强现实等基于计算机图形学的技术飞速发展，对于科学数据的图像表现方式更加多样化，科学可视化技术逐渐从科学家专属的科学研究工具转变为科学信息的传播工具。科学可视化技术从20世纪90年代开始逐渐在科学教育中寻得应用空间，使学生能够通过可视化技术进一步了解科学现象、科学概念和科学原理。

## 科学可视化应用于科学教育的基本原理

在认知科学中,表征(representation)是用于解释认知过程的一个重要概念。在通常情况下,我们可以认为表征是观念、概念或物体的一种近似或模拟。有研究者使用二分法来区分表征的形式,分别是外部(external)和内部(internal)。

外部表征是指在客观环境中可用的,可以被人的视觉或听觉接收到的符号系统。不同的外部表征形式,可能会影响学习者解读符号所传递意义或完成与外部表征相关的认知任务的难度,例如,计算 LXVII×X 显然比 68×10 要困难得多。教育者开发了各种比原始形式更容易理解的外部表征,如将复杂的数据通过柱状图、饼图等形式表示出来。而内部表征是不可能脱离人的大脑活动而存在于客观世界中的,意指个人思想的一部分,由心理活动产生,如理论物理学家进行思想实验时,在大脑内部所构建的某个虚拟场景或装置。

科学可视化技术应用于科学教育的第一个原因是,教育研究者认为通过科学可视化技术构建的外部表征能够帮助学生构建内部表征。

第二,研究者认为,在课堂中嵌入科学可视化资源,能够有效地降低学生学习过程中的认知负荷。

第三,科学可视化技术还能够提升学生的理解与记忆效率。

## 科学可视化教学的典型应用

从 20 世纪 90 年代开始,一些学习科学家尝试在科学课堂中嵌入科学可视化资源,并建设了一些具有较大影响力的科学可视化教学资源平台。

1996 年,伯克利大学的 Marcia Linn 教授基于知识整合理论建立了

WISE 平台（Web-based inquiry science enviroment，基于 Web 的科学探究环境，wise.berkeley.edu）。教师和学习者能够在 WISE 平台上通过析出旧观念、添加新观念、辨分观念、反思观念四个步骤，帮助学习者通过与可视化内容的交互完成概念转变。WISE 平台上的教学资源有四个设计原则——使科学可触及、让思维看得见、帮助学生向他人学习、促进自治，可视化技术在其中担任了重要角色。

同年，美国西北大学教授 Daniel Edelson 和他的两位研究生一起创建了名为 WorldWatcher 的科学可视化教学环境，用以支持学生在气候变暖这一主题上的探究活动。WorldWatcher 是 CoVis 项目的一部分，并且大量使用 CoVis 的可视化工具。在全球气候变暖课程中，学生可以使用 WorldWatcher，探索、创建和分析科学数据。WorldWatcher 把科学家使用的强大可视化环境提供给了学生使用，学生通过 WorldWatcher 获得了很多学习方面的支撑。WorldWatcher 主要以示意图和图表形式展示数据，帮助学生看到各项因素之间的关系。

在美国国家科学基金支持下，Buckley 于 2000 年开发了名为 BioLogica 的交互式学习环境，用于帮助高中学生加深对孟德尔遗传学核心概念的理解。BioLogica 使用了一种基于可视化技术的"嵌入课程中的由计算机实现的概念模型"，并将其定义为"超模型"。该项目也是一个叫作"跨课程建模"的囊括美国 15 所中学的一项大型研究的一部分。

美国科罗拉多大学的诺贝尔物理学奖得主 Carl Wieman 将其诺贝尔奖奖金捐出，于 2002 年创建了物理教育技术（the Physics Education Technology，PhET）平台。PhET 的设计目标是增加学生参与（动机、兴趣、专注等）并改进学习，所以内容主要为通过探究与交互来建立强大的概念理解。PhET 为物理教学提供集成动画和交互内容、类似游戏的模拟环境，开发者强调现实生活中的现象与科学原理之间的关系，并且力求使学生能够掌握物理科学家的视觉模型与概念模型。PhET 上提供的模主要涵盖高中和大学的入门课程，但也包括激光、半导体、温室效应、放射性、核武器和傅里叶分析在内的高级主题。PhET 将每个教学单元称为一个"sim"（模拟），每个 sim 都是一个可以独立运行的学习工具，可以由教师在自己的课堂上自由选择使用哪一个 sim 及如何使用。这些 sim 可以由学生独立探索使用，但推荐由教师指导使用以获得最佳的学习效果。

在苹果公司的资助下，E. O. Wilson 生物多样性基金会（E. O. Wilson Biodiversity Foundation）于 2014 年在 iBooks 平台上发布了开创性的基于科学可视化技术的高中生物教材 *Life on Earth*（中文译名《地球上的生命》，缩写为 LOE）。LOE 的科学可视化内容不仅在教育作用上达到了很高的水准，还呈现出了震撼的视觉效果。LOE 的交互式内容大量运用了认知心理学原理，包括多模态、工作记忆、双重编码、支架信息等。李雅筝等把 LOE 这类数字教材的内容要素总结为文字和图形图像、视频资源、交互模块、学习测验模块。这种内容要素组成方式影响了后期很多数字教材的开发。

在 2016 年，中国科学技术大学的两个团队分别建立了国内较有影响力的两个科学可视化教学资源平台——美丽科学与火花学院。美丽科学着重于科学与艺术的结合，大量通过各种摄影摄像技术，呈现美轮美奂的科学场景，目标应用领域主要为小学科学。火花学院是目前全球规模最大的科学可视化资源库，覆盖了从小学到中学的数学、物理、化学、生物、地理等学科的教学内容，提供包括交互式微件、动画、三维模型在内的多种可视化教学内容。

## |可视化教学案例分析|

### ⚛ "动起来的数学"

BrainQuake 上 The Wuzzit Trouble 是一个基于数学方程概念的动态化游戏。不同于传统教学的列方程求未知数的解题方式，它创造一种"获取钥匙打开笼子"的游戏方式，帮助学生建立数学方程概念，如图1所示。

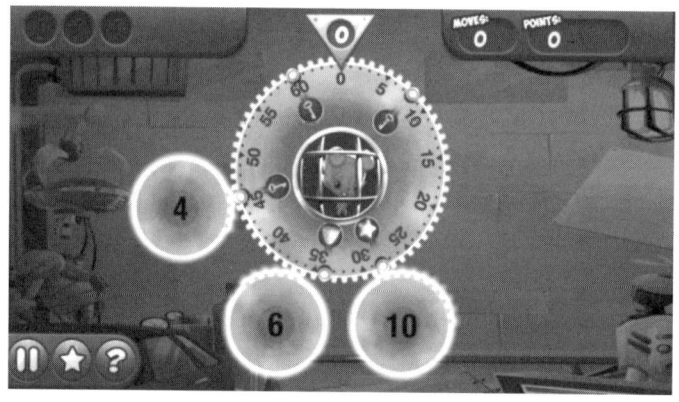

图1  The Wuzzit Trouble 上的数学题

被困在笼子里的小动物是 Wuzzit，玩家（学生，下同）需要分别拿到图上的3把钥匙来解救它逃出牢笼。3把钥匙分别在8、46和60的位置，玩家需要分别转动4、6、10三个齿轮到适当的位置来使之总和为钥匙所在位置的数字。例如，要想拿到处在46的钥匙，玩家需要将齿轮"10"拨4圈，再将齿轮"6"拨1圈。或者将"6"拨6圈，"10"拨1圈。钥匙有很多种获得方式，但为了获得高分，玩家需要思考怎样转动最少的次数来拿到钥匙。当拿到3把钥匙之后，便可救出 Wuzzit。

BrainQuake 的这款游戏，打破传统数学教学中学生遇到的符号障碍，在操作界面中灵活地操纵元素，使数学概念通过图像和动态化的形式更直观地表现出来。Liping Sun 和 Heli Ruokamo 等学者做了一项研究，探索基于数字游戏的引导式的数学教学对学生的教学影响。通过课堂记录和事后问卷填写，结果发现，有 57% 的学生认为该游戏提升了他们的算术技能，24% 的学生认为它激发了他们对数学的兴趣，还有 19% 的学生认为这种学习模式鼓励他们进行更深的探索。相比于传统的书面符号教学，这种基于游戏互动的动态化数学上课模式更容易被学生接受。

### PhET 包容式可视化教学

包容式可视化的科学学习，可以辅助有视力障碍、听力障碍或智力障碍的人进行科学学习。以 PhET 一个电子转移的物理实验"John Travoltage"为例。John 是站在门边的一个人（如图 2），他的手靠近门把手，胳膊可以 360 度旋转来控制手和门把手的距离。John 通过脚下摩擦地毯将地毯的负电荷转移到自己身上。John 身上聚集的电荷总数，和他的手与门把手的距离，决定了电子转移到门把手的量，这一过程为放电，放电会使 John 被"电击"。

图 2　PhET 上的物理实验——John Travoltage

当 John 做出不同的动作时，不仅会有动画显示，还会有语音的画面描述，以及具体的声音表达。比如，当他的脚在摩擦地毯时，会有类似真实的地毯摩擦的声音；当被电击时，会发出"Ouch"的叫声。

研究人员分别对有视力障碍和无视力障碍的人进行分组实验，并在实验后以问卷调查的方式对此次模拟中声音提示的喜好度进行评分。结果显示，所有受试人员都认为声音提示对他们理解画面内容有很大帮助，尤其是有视力障碍的受试群体，他们对声音的画面描述和提示给予了很高评分；视力正常的人认为在实验中添加这些模拟的声音让整个学习过程变得生动和有趣。

## |科学可视化教学的效果评估研究|

基于以上所提出的科学可视化的认知原理，以及各种可视化教学平台和可视化教学案例，越来越多的研究者开始关注可视化应用教学评估的问题。

对于科学可视化教学的评估结果总体来说是积极的，在学生成绩、降低认知负荷、构建心智模型、增进知识理解等方面都有明显的正向作用。2006 年，Marcia Linn 在 Science 上发表了一篇论文，基于 WISE 平台的教学实验表明：当科学可视化嵌入精心设计的促进知识整合的课程单元中时，学生的表现要比常规课程组高出近 1/4 个标准差。Buckley 和合作者使用 BioLogica 对九年级学生进行了教学并进行了评估，结果显示在推理模式、使用模型进行透视、基因学概念 3 个维度上，使用科学可视化的实验组表现都明显优于对照组，特别是实验组在因果推理中采用了更简单的方式。Molecular Workbench 团队在 8 所中学进行的一次评估研究表明，中学生通过探究基于分子动力学的计算模型，可以获得较高的后测分数，说明学生可以通过这种方法建立起非常好的有关物质状态的心智模型。评估结果还表明，在前测中对原子和分子体积有错误理解的学生，大多数都能在后测中表现出正确的理解。后续的访谈还表明，学生能够把对物质的理解应用到新的语境中，说明他们获得的相关知识是强健的。Finkelstein 等人还进行了计算机模拟程序能否代替真实的实验设备的研究，在对一所大型研究型大学的入门物理课程展开 15 周的研究后，Finkelstein 表示，可视化的实验模拟可在一定程度上替代传统课堂实验，这进一步肯定了科学可视化的教学效果，也给实验方式添了一项选择。

一些与科学可视化技术相关的领域的研究成果也认可其在教学中的积极作用。Richard Mayer 作为多媒体教学研究的推动者，也从多媒体教学的角度认为科学可视化技术在课堂上的应用具有积极意义，特别是能够有效降低认知负荷。John Gilbert 推崇在科学教育中使用基于模型的教学法，并从认知心理学的表征理论出发，构建了基于模型的教学法的理论基础。他认为科学可视化是这种教学法的核心方法，是快速帮助学生构建心智模型的重要工具。

也有一些研究者对可视化教学过程中影响学生课堂学习效率的因素表现出了较高兴趣。Chamberlain 等人研究了学生同计算机仿真程序进行互动学习时的认知力与探索力和教师指导设计活动之间的关系。实验结果表明，在科学可视化教学过程中，适当的教学指导能够最大限度地发挥学生的理解力与探索力，过多的指导活动会阻碍学生的主动性学习行为。

在一些研究中，也发现了科学可视化教学可能存在的一些问题。针对静态可视化（图片）与动态可视化（动画或交互）的教学效果研究，

Höffler 和 Leutner 对 26 项研究中 76 个对比分析进行了元分析后发现，认为动画的效果略优于图片。但在具体单个研究中，两者孰优孰劣的结论不一，有大约 1/3 的研究认为动态图像在很多情况下与静态图像没有太大区别。Chiu 的研究发现学生在观看可视化资料后会出现一种对自身理解过高的"欺骗性清晰"，Linn 与 Hsi 也发现几乎所有的学习者都认为通过视觉材料学习的效果优于教科书和权威讲授，但除非学习者检验自己的理解，否则他们倾向于高估自己的记忆能力。

## |总结|

每一种新媒介或新技术的出现，都可能会带来教育领域的深刻变革。随着可视化技术的不断发展与成熟，众多可视化教学平台相继出现。运用建模、动画、视频等方式搭建概念框架、简化实验流程、丰富教学手段、减少学生认知负荷，科学可视化教育成为越来越多学校的教学选择。未来，可视化教学要更加关注针对不同教学群体需求的包容式可视化教学设计，提升各个人群的科学素养。但与此同时，我们也应注意到，可视化教育应当是一种教学方式的创新，而不是简单的可视化技术的延伸，研究者和平台应用开发者应密切关注教育领域的新动态，为师生提供优质的可视化教学资源与应用，为教育行业的发展助力。

## 参考文献

刘晓强. 1997. 科学可视化的研究现状与发展趋势[J]. 工程图学学报, (2): 124-130.

Baddeley A. 1992. Working memory[J]. Science, 255(5044):556-559.

Buckley B C, Gobert J D, Kindfield A C H, et al. 2004. Model-Based Teaching and Learning with BioLogica: What Do They Learn? How Do They Learn? How Do We Know[J]. Journal of ence Education and Technology, 13(1): 23-41.

Chamberlain J M, Lancaster K, Parson R, et al. How guidance affects student engagement with an interactive simulation[J]. Chemistry Education Research & Practice, 2014, 15(4):628-638.

Gilbert J K, Reiner M, Nakhleh M. 1988. Visualization: Theory and Practice in Science Education[M]. Berlin: Springer.

Gobert J D, Buckley B C. 2000. Introduction to model-based teaching and learning in science education[J]. International Journal Of Science Education, 22(9): 891-894.

Höffler T N, Leutner D. 2007. Instructional animation versus static pictures: A meta-analysis[J]. Learning and Instruction, 17(6): 722-738.

Horwitz P, Christie M A. 1999. Hypermodels: Embedding curriculum and assessment in computer-based manipulatives[J]. Journal of Education, 1-23.

Johnson-Laird P N. 1983. Mental Models[M]. Cambridge: Harvard University Press.

Linn M C, Hsi S. 2000. Computers, teachers, peers: Science learning partners[M]. Mahwah: Routledge.

Linn M C, Lee H S, Tinker R. 2006. Teaching and assessing knowledge integration in science[J]. Science, 313: 1049-1050.

Mayer R E. 2001. Multimedia Learning[M]. Cambridge: Cambridge University Press.

Mayer R E. 2002. Aids to computer-based multimedia learning[J]. Learning & Instruction, 12(1): 107-119.

Mayer R E, Anderson R B. 1992. The instructive animation: Helping students build connections between words and pictures in multimedia learning[J]. Journal of Educational Psychology, 84: 444-452.

Mccormick B H, Defanti T A, Brown M D. 1988. Visualization in scientific computing[J]. Acm Sigbio Newsletter, 10(1): 15-21.

Paivio A. 1983. The empirical case for dual coding [M]. Hillsdale: Erlbaum.

Paivio A, Csapo K. 1973. Picture superiority in free recall: Imagery or dual coding?[J]. Cogn Psychol, 5(2): 176-206.

Pea R. WorldWatcher(1996-ongoing) [J/OL]. http://web.stanford.edu/~roypea/HTML1%20Folder/WorldWatcher.html.

Perkins K K, Adams W K, Dubson M, et al. 2006. PhET: Interactive simulations for teaching and learning physics[J]. The Physics Teacher, 44(1): 18-23.

Wieman C E, Adams W K, Loeblein P, et al. 2010. Teaching physics using PhET simulations[J]. The Physics Teacher, 48(4): 225-227.

Wieman C. Physics Education Technology Project[J/OL]. http://www.colorado.edu/physics/phet.

Wu H K, Shah P. 2004. Exploring visuospatial thinking in chemistry learning[J]. Science Education, 88(3): 465-492.

# 我国科技创新后备人才培养的理性审视*

郑永和 王晶莹
杨宣洋 谢 涌 北京师范大学科学教育研究院
李西营 陕西师范大学现代教育技术教育部重点实验室

2018年5月28日,习近平总书记出席中国科学院第十九次院士大会、中国工程院第十四次院士大会并发表重要讲话,他指出:"全部科技史都证明,谁拥有了一流创新人才、拥有了一流科学家,谁就能在科技创新中占据优势。"创新是引领发展的第一动力,国家科技创新力的根本源泉在于人才。近半个世纪以来,西方发达国家竞相以制定长期战略、科学教育标准和立法等形式,自上而下积极干预科学教育、服务国家人才战略。例如,英国通过《1988年教育改革法案》明确将科学、数学、语言并列为三大"核心学科";美国制定《联邦政府关于科学、技术、工程和数学(STEM)教育战略规划(2013—2018年)》以推动科学教育的全面实施等。当前,我国进入全面建设社会主义现代化国家的新发展阶段,公民科学素养提升和创新能力培养成为关键环节。然而,时至今日,我国在一些科技领域仍面临创新

* 本文于2021年发表在《中国科学院院刊》第7期上。因出版需要,文字有删改。

人才匮乏的窘境，大力培养科技创新后备人才是我国在未来国际竞争中博得先机的重要保障。明天的强盛来自于今天的后备人才储备，中小学阶段是培养科技创新人才的关键期；为长远解决我国创新人才培养短板，从根本上改变高层次创新人才匮乏的窘境，需要夯实科技强国人才根基重大目标，前瞻部署中小学科学教育，重塑新时代基础科学教育体系。

## 我国科技创新人才早期培养的现状

### 国际新格局推动我国重视科技创新人才早期培养

当代国际竞争新格局转向聚集创新型人才。从2020年全球创新指数可知，表现最好的经济体仍然几乎全部来自高收入组别，如瑞士、瑞典、美国、英国、荷兰等；而唯一的例外是中国——中国连续两年排名第14位，是全球创新指数前30位中唯一的中等收入经济体。但是，我们要清醒地看到，我国在人力资本方面还有待进一步提升：中学的生师比在130个经济体中位于第62位；研发人员以全职研究人员/百万人口计算，我国为1 307.1人/百万人口，位居全球第48位。生师比指折合在校学生数与学校专任教师数的比例，是教学评估中用来衡量学校办学水平的重要指标；研发人员的比例也一定程度上说明创新人才的储备状况。由此可见，我国在创新指数方面的人力资本维度尚不占明显优势。近年来，国际上特别重视对具有科技素养及发展潜力青少年的专业化教育，大力推行人才培养的相关政策与实践。区别于全体学生的科学与技术素养教育，多个国家提倡并践行科技创新人才的个性化培养方式和专业化成才路径。为提升科技实力，美国、加拿大、英国、德国、日本、韩国、新加坡、以色列等创新型国家非常重视科技创新人才的早期培养——不仅重视高等教育阶段的管道输出,更关注中小学的STEM教育及其科学素养提升。国家的综合实力与核心竞争力取决于内在科技创新能力水平,根本上依赖于创新人才,而中小学时期则是人才培养的黄金阶段与关键节点。因此,我国亟须将科技创新人才的早期培养作为科技创新工作的重中之重。

### ⚛ 我国现有政策对中小学科学教育支持不足

自党的十八大以来,我国进入了全面推进创新人才培养的新阶段,科技创新人才培养计划不断被提出。2012年教育部印发《国家教育事业发展第十二个五年规划》,围绕"加强创新人才培养"作了专项论述;2013年教育部与中国科学技术协会启动了"中学生科技创新后备人才培养计划"(以下简称"英才计划");2015年国务院印发《统筹推进世界一流大学和一流学科建设总体方案》,其中在建设任务中强调要培养拔尖创新人才;2018年教育部等六部门继续推行"基础学科拔尖学生培养计划2.0",提出实施基础学科拔尖学生培养指导方案;2020年教育部印发《教育部关于在部分高校开展基础学科招生改革试点工作的意见》,决定自2020年起,在部分高校开展基础学科招生改革试点(也称"强基计划")。但从总体上看,作为源头阶段和基石任务,我国中小学科技创新人才培养的精准政策较少、系统性工作还未引起足够重视。

### ⚛ 我国中小学学生科学职业期望和动手实践能力不容乐观

根据OECD发布的2015年PISA调查报告可知,我国北京、上海、江苏、广东15岁学生的科学成绩在全球占有优势,但是这些学生的科学职业期望在72个参与国和地区中仅排在第68位。《中国教育统计年鉴2018》表明,小学科学教师的数量仅为小学数学教师数量的12%;

并且，小学科学教师的学历质量在基础教育的所有学科中最弱——专科学历占比47%，本科学历占比45%。《2018年国家义务教育质量监测》表明，中小学学生的科学理解能力相对较强，但科学探究能力和科学思维能力有待提高。与科学理解能力相比，学生科学探究能力和科学思维能力达到中等及以上水平的比例较低。监测还发现，学生参与科学课的动手实验和实践调查的机会较少：四年级学生在本学期科学课上经常做动手实验的比例为46.8%，从不或几乎不做的比例为19%；八年级学生生物课上做过3次及以上动手实验的比例为19.3%，从来没做过的比例为47.1%。以上问题成为明显阻碍我国科技人才涌现的源头，难以适应建设世界科技强国的人才储备需求。

## | 动态审视科技创新后备人才培养理论和实践经验 |

### ⚛ 创造力培养实践：从要素解构到贯通涌现

国内关于创造力的早期经典研究是林崇德的创造性心理结构，即创造性人才 = 创造性思维 + 创造性人格。之后，由认知和心理测量思维转向能力和过程的系统性关注，强调创新素质系统。例如，张春莉等提出创新素质系统是知识、思维、监控、协作、践行、动机和人格等7个要素交互作用的结果。此后，北京师范大学刘坚团队综合提出21世纪核心素养"5C"模型，我国学者认为创新素养包括创新人格、创新思维和创新实践3个要素，创新人格和创新思维是创新实践的基础，创新实践是创新人格和创新思维在特定任务情境下的综合表达。综合来说，对创造力的动态认识基于认知基础关注非认知因素及其环境系统构建。创造力水平按照由低到高的层次建构了"4C"（4 creativity）模型，即"微C"（mini-c）、"小C"（little-c）、"专C"（professional-c）和"大C" （big-c）。每个人都有"微C"潜质，即个体会对学习经历和活动等进行有意义、与众不同或个性化的解释；"小C"是在日常生活中表现的解决问题的能力及创造力；"专C"是指具有某种专业或职业素养的人所展现出的创造力；而"大C"则是指卓越的创造力，如爱因斯坦等科学家等展现出的创造力。每个人都有可能经历这4个阶段，但发展模式不同。应当保护学生的"微C"表现，以跨学科、通识性、多样性的科学教育方式促进科学文化的生成，为人才涌现提供广阔基础；同时，在教育过程中注意引导"小C"，以贯通式、体验性的学习方式为科技特长学生提供加速发展的渠道，使其逐步发展科技领域的创造性思维和能力；发现"专C"是高中阶段和大学阶段的预期教育目标；而"大C"则只有少数杰出科学家才能实现。

### ⚛ 创新后备人才培养理念：从单维发展到多元交互

通用领域的创新后备人才已有丰富的培养模式。以慕尼黑模型的发展来看，培养模式逐渐转向贯通和连续，注重个体学习、社会文化、家庭环境的交互影响等。动态的天才儿童发展模型关注人的内部表现倾向、良好的个性和环境因素的共同作用，最终随着时间流逝中的主动学习过程取得非凡成就。

Heller等基于慕尼黑模型的研究侧重非认知因素和环境因素的调节作用、天赋因素的预测价值，以及应用领域的适宜标准。非认知因素侧重于解压能力、成就动机、学习和工作策略、测试焦虑和控制期望；环境因素涉及学习环境、家庭环境、教学质量、教室环境、批判性生活事件；天赋因素则包括智力、创造力、社交能力、实践智力、艺术感、乐感、心智技能；而应用领域表现为数学、自然科学、技术、计算机技术、棋类、艺术（音乐、绘画等）、语言学、体育学和社会关系。总体来说，通用领域的创新人才培养存在3类倾向：① 智力倾向型培养模式，如智力模型结构、无限才能模式、多元智力模式等；② 综合型人才培养模式，包括人才搜寻模式、全校充实模式等；③ 活动倾向型培养模式，如自主学习模式、创造性问题解决模式、普渡三阶段充实模式、卡普兰框架模式、梅克矩阵模式等。但是，目前国际学界多聚焦于一般领域的创新人才研究，并没有凸显科技特色，未来发展仍需基于成长规律研究，同时关注不同国家或地区自身文化影响的创新价值取向。

## 科技创新人才早期培养的批判性认识与关键问题

### 科技创新人才早期培养的批判性认识

社会文化对特定环境中天赋的隐含概念产生影响，文化价值观也会影响特定领域人才发展的支持水平。从传统研究看，天才儿童的构成要素包括一般认知因素和非认知因素；从创新后备人才的培养路径来看，教育者关注外部环境带来的影响，通过机会均衡、融合加速模式和脱离正常学校学习模式等方式尽可能避免这些学生受到外在因素干扰而发展受阻。但这些方式的实际效用如何，个体发展需求是否得到体现，不同学生的个性发展过程是否引起关注，各种策略的实施力度如何，以及评价结果是否滞后或者对实施过程产生干扰等，都会引发对传统模式的反思。美国通过STEM教育大力推进科技创新后备人才的发展。早期的管道理论试图回答STEM人才的流失现象，认为从中小学到最终从事STEM专业的过程中，中学阶段是人才流失最严重的时期，这表明基础教育阶段创新人才培养工作的重要意义。但管道理论将学习与职业发展轨道假设成是线性的、不可逆转的，无法解释中间参与到STEM专业的部分人才。STEM从业人员的桑基图（Sankey diagram）

则呈现了学生从学习到进入 STEM 职业的轨迹不是线性的、唯一的，而是各种可能途径的交叉组合。

## 我国青少年科技创新人才培养的关键问题

新时代我国科技创新人才的培养不仅需要重视中小学阶段的早期培养，还需要进一步思考其本质内涵及其演变发展。科技创新人才的识别和选拔标准已从天赋智商发展到成功智能，其培养模式也从天才儿童范式向天资发展范式和区分教学范式转型，校内外课程重心从侧重同质性转移到侧重异质性，培养理念从外在设定目标向内外目标协同发展，并且更多地涉及人才培养的价值取向问题。科技创新后备人才的评价体系也从一元智能到多元智能，从领域专属逐渐走向领域通用与领域专属并重。基于此，学界对中小学科技创新人才培养的关键问题达成5点共识：① 科技创新人才的形成是在一定智商和创造力的基础上，与外部环境因素相互影响的结果；科技创新后备人才虽然存在智商阈值，但是环境因素对个体产生重要作用。② 科技创新人才选拔和培养应当兼顾实践能力和综合素质的协同发展。③ 需要为科技创新后备人才提供异质化课程，建立动态的个性化发展路径。④ 在科技创新后备人才的教育过程中，需要促进外部社会价值导向与内在个体发展诉求的整合。⑤ 亟须构建从中小学到本科、研究生阶段全方位的培养体系，提供长周期的研究资助。

综上，科技创新人才是人和外部环境互动过程中，内部结构和功能所产生的变化，以及这种内部发展所呈现的外部个体差异，即在特定科技领域中表现卓越。教育在其培养过程中发挥重要作用，对人才的测评涉及认知、社会情感技能、信念、人格等多方面。科技创新后备人才的发展经历3个阶段，不同阶段发展任务不同，需要采用的培养模式与教育目标也存在差异：① 激发兴趣和扶植阶段（学前～3年级），更多关注"微C"的萌发和保持，激发儿童的科学学习兴趣并维持相对积极的学习习惯与正向的学习情感；② 自我探索和定向阶段（4～9年级），关注学生"小C"的发展，保持学生的科学兴趣并养成积极的科学认识论，使得学生能够更宽泛和深入地自我探索，并能够对科学学习和领域探索形成较稳定的初步定向，培育高阶思维能力，夯实科学领域的坚实根基；③ 专业分化和才华展现阶段（10年级～大学），侧重"专C"的培养，鼓励和支持学生在科学的某一领域或多个领域开展较为深入的探究，养成创新意识、科研精神与创造性问题解决能力等。

## | 我国科技创新后备人才培养的建议 |

多年来，教育部、中国科学技术协会等部门主办的"拔尖计划""英才计划""全国青少年科技创新大赛""中国青少年机器人竞赛""明天小小科学家"等科技创新后备人才培养工作取得突出成效，积累了特色经验。然而，与建设科技强国的要求相比，当前我国科技创新后备人才培养规模急需扩大、质量亟待提升、机制亟待创新。为实现2050年建成世界科技创新强国的目标，必须充分发挥科技界、教育界及社会等多方面力量，夯实科学教育根基，扎扎实实"从娃娃抓起"，前瞻部署国家基础教育阶段科学教育新体系。

### ⚛ 高度重视培养中小学学生的科学学习兴趣

落实科学课程的课时要求，优先发展小学科学教育。建议将科学与数学、语文作为小升初、中考、高考等同对待的考察科目。重视教学内容结构调整，加强小学、中学和大学的衔接，强调跨学科知识、实践探究及解决问题的能力，并在测试中加强非认知因素考察。

### ⚛ 以科教融合方式创新科学教育教师的培养

由教育及科技相关部门统筹组织中小学科学教师、校外科技辅导员、高校和科研院所专家，完善科学教育师资的生态网络和专业队伍建设。加快师范院校科学教育专业师范生培养，鼓励综合性大学建立科学教育专业。鼓励当下的科学家参与未来科学家的培养，设立"科技专家+学校科学教师"双师制，创新青少年人才培养有效途径。

### ⚛ 为基础教育阶段有特殊潜质的青少年提供特殊培养的绿色通道

公平教育是人尽其才的教育，是使有科学家潜质的青少年获得拔尖人才培养机会的教育。建议遴选有科技特长的中小学学生，设立科技特色天才班、科技特色学校。鼓励院士和高水平科学家领衔设立校外科技特长生小组。改革高校人才选拔机制，设立绿色通道，对具有科学家潜质的考生予以破格录取，作为高考的重要补充。

### ⚛ 加强多主体协同赋能科学教育创新发展

加强各类场馆、科研机构、高校与中小学的联系，丰富科学教育资源，创新校内外结合的科学教育模式，形成有机协同的整体合力。为退休科研人员和科学教育教师参与科学教育提供通道。研究推进国家科技计划、科学基金项目成果与科学教育的对接机制，选择适当项目实现科学教育转化，推动前沿科技成果向科学教育转化。

### ⚛ 构建科学教育研究与实践相结合的新生态

设立科学教育研究重大项目，搭建全面、系统、长期跟踪的科学教育研究体系，刻画我国学生科学学习的认知和思维特征，研究我国青少年人才成长规律。加强科学教育研究体系、实践体系相结合的生态建设，加强STEM教育及跨学科教育研究。适应大数据时代的学习方式变革，探索技术融合的学习环境构建，广泛探索跨学科学习、深度学习、网络学习等学习方式，强化科学教育技术支撑体系。

**⚛ 加强科技创新后备人才培养的纵向研究**

学界现有研究虽提出人才成长的重要阶段和关键因素，但缺少实证研究；研究对象多为成年后群体，由果溯因展开研究，多进行横断面研究和回溯研究。但是，科技创新人才成长具有很大的复杂性，纵向研究极为重要，并且需要长周期教育干预的课程体系设计、形成性的跟踪与评测。因此，设立人才成长规律研究重大项目，综合评估科技创新拔尖人才培养计划实施效果尤为重要。因此，需布局科学教育数据平台、有效获取多部门在不同时段人才成长表现的数据资源，协同开展成长跟踪研究。进一步通过建立循证决策机制和创新人才培养模式改进的动态监测系统，不断优化科技创新后备人才的培养体系和科学教育资源配置，高效储备我国科技创新后备人才，夯实科技强国建设的人才培养源头与根基。

## 参考文献

甘秋玲, 白新文, 刘坚, 等. 2020. 创新素养: 21世纪核心素养5C模型之三[J]. 华东师范大学学报(教育科学版), 38(2): 57-70.

林崇德. 2020. 创造性人才·创造性教育·创造性学习[J]. 中国教育学刊, (1): 5-8.

马修·卡纳迪, 艾瑞克·格林沃尔德, 金伯利·哈里斯, 等. 2015. 对STEM管道比喻理论的质疑——STEM管道比喻理论是否适用于学生和STEM从业人员?[J]. 科学教育与博物馆, 1(1): 20-29.

王晶莹. 2013. 发达国家中小学英才教育课程模式探究[J]. 世界教育信息, 26(17): 44-47.

王卓, 王晶莹. 2018. 管中窥水: 美国STEM教育战略的纵向研究剖析[J]. 教育导刊, (4): 83-90.

阎琨, 吴菡. 2020. 拔尖人才培养的国际趋势及其对我国的启示[J]. 教育研究, 41(6): 78-91.

衣新发. 2009. 创造力理论述评及CPMC的提出和初步验证[J]. 心理研究, 2(6): 7-13.

张春莉, 程黎, 王本陆, 等. 2018. 青少年创新素质模型的理论构建[J]. 北京教育学院学报, 32(3): 28-34.

张亚坤, 陈龙安, 张兴利, 等. 2018. 融合视角下的西方创造力系统观[J]. 心理科学进展, 26(5): 810-830.

朱镜人. 1996. 英国全国性课程初探[J]. 外国教育研究, 5: 23-27.

Beghetto R A, Kaufman J C. 2007. Toward a broader conception of creativity: A case for "mini-c" creativity[J]. Psychology of Aesthetics, Creativity, and the Arts, 1(2): 73-79.

Dacis G A, Rimm S B, Siegle D. 2014. Education of the Gifted and Talented[M]. Essex: Pearson Education Limited.

Heller K A, Perleth C, Lim T K. 2005. The Munich model of giftedness designed to identify and promote gifted students[M]// Sternberg R J, Davidson J E, eds.

Conceptions of Giftedness. New York: Cambridge University Press, 147−170.

Marginson S, Tytler R, Freeman B, et al. 2013. STEM: Country Comparisons: International Comparisons of Science, Technology, Engineering and Mathematics (STEM) Education[J]. Melbourne: Australian Council of Learned Academies.

National Science Board (US). 2007. A National Action Plan for Addressing the Critical Needs of the US Science, Technology, Engineering, and Mathematics Education System[M]. Washington DC: National Science Foundation.

Tiffi K. 2016. Holistic perspectives on gifted education for the 21st century[M]// Ambrose D, Sternberg R J. Giftedness and Talent in the 21st Century: Adapting to the Turbulence of Globalization. Rotterdam: Sense Publishers, 101−110.

Ziegler A, Perleth C. 1997. Will sisyphos make it in rolling the stone up the hill? A critical review of possibilities for diagnosis and support of the gifted in vocational training on the basis of the munich dynamic giftedness model[J]. Psychologie in Erziehung und Unterricht, 44(2): 152−163.

Ziegler A, Phillipson S N. 2012. Towards a systemic theory of gifted education[J]. High Ability Studies, 23(1): 3−30.

# 幼儿园集体科学活动的有效实施策略

刘韧学　魏迎迎
中国科学院第三幼儿园

《幼儿园教育指导纲要（试行）》指出，幼儿园阶段的科学教育应注重激发幼儿的认识兴趣和探究欲望，感受科学探究的过程，在实践中掌握科学的方法。多样的科学活动能激发幼儿的好奇心，帮助幼儿构建科学的概念，带领幼儿进入科学的世界，还能为幼儿创造集体验、操作和交流为一体的环境，促进幼儿习得探究技能，形成良好的个性品质。集体教学、区域游戏和自然角中的科学是我们常见的科学活动类型，教师在指导科学活动时，首先要了解幼儿是如何学习科学的，以及他们学习科学的特点。

## |幼儿科学学习的特点|

幼儿有自己认识科学的方法，早期的生活经验已经让他们形成了对周围很多事物的理解，形成了他们的朴素理论，尽管这些理解可能是片面的，但却建立在他们自身生活经验的基础上，即幼儿是在个人经验的基础上实现科学概念的建构。幼儿学习科学不是被动地接受某种现成的知识，而是在主动地建构知识，即使从外界获得了正确的信息，也必须经过幼儿自己的再次理解和加工，才能变成真正属于幼儿的东西。

幼儿对科学的理解还受制于思维发展的水平，这个阶段的幼儿处于前运算阶段，他们的思维具有直觉性、具体性和形象性的特点。他们的认识开始于具体的事物，而不是抽象的概念。幼儿学习科学还有一个特点——他们的学习需要他人的支持，尤其是教师的引导能够促进他们科学概念的快速转变，还能促进幼儿掌握科学技能。在科学学习的过程中，同伴的支持也必不可少，同伴之间可以互相模仿和学习，共同成长。

## |科学活动的类型|

科学活动的类型有很多，常见的一般有集体科学活动，区域游戏中的科学活动、自然角中的科学活动，以及一些偶发性的科学活动等。在不同的科学活动中，教师的教学组织方式和指导策略都会有相应的变化和调整，如在集体科学活动中，注重科学探究过程和探究能力的培养；在区域游戏中，注重逻辑思维和探究能力的培养；在自然角的科学活动中，注重幼儿观察和动手操作能力的培养；在偶发性的科学活动中，注重幼儿观察和发散思维能力的培养。因此，教学活动的类型影响着教师教学组织方式和策略的选择。

## |集体科学活动的组织和实施策略|

集体科学活动是教师根据幼儿科学教育的目标，有计划、有目的地选择课题内容，提供相应的材料，面向全体幼儿开展的科学探索活动。

集体科学活动的设计是按照一定程序进行的，在整个教学流程中，教师提前预设和合理地安排各个环节的时间比例，突出重难点。更重要的是，集体科学活动要突出目标的引领，各个教学环节都是为达到教学目标服务的。教师提出的问题是层层递进的，这样能够引发幼儿一步步的探索和思考，教师在整个教学过程中有着非常重要的引导作用。

集体科学活动可以细分为观察认识类、实验探究类、科技制作3类。在这3类集体科学活动中，教学活动设计和开展的流程大体可以分为设定活动目标、选择活动内容、准备活动材料及实施活动四个环节。在每个环节，都可以参考相应的实施策略来提高科学活动的效果。

### ⚛ 有依据的设定活动目标

教师在设定活动时要综合考虑两方面的内容：一是《3—6岁儿童学习与发展指南》中提出的目标，二是幼儿的实际发展水平。涉及具体活动时，教师要根据儿童不同年龄阶段的身心发展特点，将指南中的目标细化，选择适合本班幼儿的活动目标。活动目标要具体可操作，且包含科学知识、科学方法和科学态度3个维度。知识与技能方面要立足于幼儿学会，过程与方法方面要立足于幼儿会学，情感态度价值观方面要立足于幼儿乐学。

### ⚛ 活动内容贴近幼儿生活，活动设计具有层次性和挑战性

要想让活动贴近幼儿的生活，吸引幼儿的兴趣，教师就要观察幼儿生活中感兴趣的点，选择生活中真实常见、易于观察的事物或问题，选用生活中常用的材料，如在大班开展的"牛奶盒的秘密"活动中，活动的材料是幼儿每天都会接触的牛奶盒，盒上的标志和符号也是易于幼儿观察的。通过这个活动，既能锻炼幼儿对标志和符号的观察能力，同时也通过记录生产日期、容量、产地的方式，锻炼幼儿的记录能力。

开展同种类型的活动时，活动设计要由易到难或循序渐进，体现观察的顺序，结合幼儿现状和活动，设定重点与难点。不仅要在一个活动中体现难度的变化，同时也要在不同年龄段的同类型活动中体现，如在小班"瓶中取物"的科学活动中，活动设计时就考虑到幼儿可能会由一开始徒手无目的操作，逐渐过渡到在操作中学习和发现，最后发展为可以借助简单的工具完成瓶中取物。在中班再开展类似的活动时，可以更换物品的放置环境，如将物品放置在清水中，增加取出物品的难度。中班幼儿的动手能力较强，因此在开展活动时，幼儿能够使用多种简单的操作工具，当发现在水中某些工具不好用时，也会及时调整，根据物品的特性，有计划地选择恰当的工具。到了大班，幼儿已经学会有目的地选择材料，并且有很强的动手能力，能够有计划地设计或寻找适宜的工具去进行科学探究。各个科学活动中详细的难易程度变化，如表 1 所示。

表 1 不同年龄段幼儿科学活动的难易程度的变化

| 年龄段 | 活动名称 | 难易程度的变化（递进关系） |
|---|---|---|
| 小班 | 瓶中取物 | 徒手无目的操作—使用简单工具操作 |
| 中班 | 水中取物 | 使用简单的多种工具操作—根据任务的特点有计划地选择恰当的工具 |
| 大班 | 工具用处大——装小米 | 尝试多种材料—有目的地选择材料—有计划地设计或寻找适宜的工具 |

### ⚛ 充分了解幼儿的前期经验，选择安全、有层次的材料

一个好的科学活动，少不了教师的准备和设计，需要教师对幼儿和活动有充分的了解和熟悉，还需要幼儿有相关活动的认知、能力、方法、情感等方面的经验，让幼儿感受到活动并不是完全陌生的，是跟之前的经验有联系的。如上文提到的小班"瓶中取物"案例，活动中会使用到花生米、纸巾、玻璃瓶、筷子、长柄勺子、雪糕棒、吸管、

夹子、毛笔、鼓槌等材料，这些材料都是幼儿常见的，并且小班幼儿已经能够熟练使用勺子、夹子、小木棍等工具。

了解幼儿前期经验的同时，也要准备材料。为保证操作，幼儿材料要准备充分，操作材料要丰富、有层次（即材料提供的层次和操作难度相对应的材料层次），活动的材料要足够幼儿个体观察、操作、实验探索，并且准备一定量的备用材料。备用材料不是可有可无的存在，而是在教学材料准备工作中不可或缺的重要部分，幼儿的认识发展水平和动手操作能力不一致，当部分幼儿想要深入探究时，我们一定满足幼儿的个性化发展需求，满足幼儿再次体验、多样探索的需要，尊重每个孩子的需求。

使用的材料要把控安全的因素，材料本身要具有安全性。如"瓶中取物"中的玻璃瓶要选择瓶身较厚，顶端利于手握的瓶子。另一方面，教师还要对活动过程中可能存在的安全问题进行预判，对活动过程中的安全要素进行把控。如玻璃瓶的手握方法，夹子、小木棍的使用安全提示，工具放置要求等方面的提示。

⚛ **选择适宜的教学方法突出重点，突破难点**

教师通过参与、示范、提问等方式激发幼儿的思考和探究，鼓励幼儿与环境和材料之间进行互动。在选择教学方法时，要重视幼儿的直接感知、亲身体验和实际操作，即使是在集体活动时，也要给幼儿提供多动手的机会。在设计探究活动时，教师要根据活动类型的不同，选择合适的教学方法，在活动过程中体现完整的科学探究过程，让幼儿学会带着问题去思考和发现，学会用猜想—验证—总结的方法解决问题。

### ⚛ 根据幼儿的反应适时调整教育活动，把握关键提问

教师要有前瞻性，要能预测到幼儿可能会出现的不当行为，减少被动应对突发情况的概率，密切观察幼儿的行为表现，及时发现问题和幼儿的需要，及时增减活动内容，改变组织形式，调整教学进度等。比如，从操作到分享环节过渡时，幼儿的完成速度不一致，教师可以鼓励先完成的幼儿和同伴进行分享，让幼儿关注到其他人的操作和他人操作的长处，同时也给操作慢的幼儿留出探究时间，让其充分思考。

在教学活动中，教师的提问尤为关键，它直接影响着幼儿思考的方向，因此在开展科学集体活动时，教师要提前设计好与教学目标相关的关键提问，把握教学重点和难点。

综上所述，要想实施好幼儿的科学活动，教师就要通过多种多样的方式让幼儿接触科学，满足幼儿的好奇心，激发幼儿对科学的兴趣，更要提供富有探索性的材料，大胆放手让幼儿去探究和发现。教师应该以积极的意识和敏锐的态度，延续偶发性的科学活动，将预设与生成的科学活动相结合，抓住日常生活的教育契机，为幼儿科学探究能力的培养提供多方面的支持。

**参考文献**

陆君. 2011. 幼儿园音乐欣赏综合教学研究 [D]. 湖南师范大学.

彭芬. 2015. 幼儿园科学教育活动中幼儿学习品质的培养 [D]. 山东师范大学.

后记

# 科学家看科学教育

武向平 天体物理学家、中国科学院院士

李碧莹 中国科学院国家天文台

近年来加强科学教育的呼声不断高涨,科学教育的重视程度不断提高,欣慰的同时我们也看到,大多数人对科学教育模糊和片面的理解却屡见不鲜。因为理念层面的缺失,不乏出现把科学教育等同于科普、在中学以数理化代替科学教育等错误的观点。应当指出,科学教育的主体是青少年,目的不仅是传授科学知识,更是让青少年保持好奇心,培养具备创造性思维的未来人才,这是新时代赋予的使命和召唤。习近平总书记在科学家座谈会上也指出:"好奇心是人的天性,对科学兴趣的引导和培养要从娃娃抓起,使他们更多了解科学知识,掌握科学方法,形成一大批具备科学家潜质的青少年群体。"所以,科学教育不仅包括科学知识,还应该包括科学方法、科学家精神、科学思维及超前意识。

科学技术是社会进步的中坚力量,而人类的现代文明是构建在科技进步之上的。科学教育在启发孩子科学思维和培养孩子超前意识上具有重要的作用。虽然科学教育并不像传统学科那样具有完整的课程体系和学习规划,但这种灵活性恰是科学教育异于其他学科的优势。

科技日新月异,让孩子了解更多的科学知识,能够接触实用、适用的前沿科技,对保持其好奇心和培养科学兴趣至关重要。但传统学科的知识更新需要一定的周期,而且有些科技领域并不在教师教授的学科范围内。科学教育便可以将诸如海洋科学、航空航天、矿产资源等热门领域的知识带进课堂,同时也可以将北斗卫星导航系统、5G技术等前沿科技讲给孩子听,而这绝非是简单的科普和知识堆砌。当然,这就要求科学教师必须具有自我提升和更新知识的能力,不仅能够主动接受新知识,而且能够实时准确地选择采用哪种方式和语言将其转换成孩子可以理解的内容,同时将涉及的科学方法、科学家精神,甚至科学史的内容融入其中,给孩子讲有"灵魂"的科学。

科学教育被赋予智育价值的同时,其德育价值也不可或缺。

那么,接下来的问题就是,成功的科学教育应当如何开展?科学家在其中又扮演着怎样的角色?

## |科学教育需要结合通识教育和个性化培养|

青少年的科学教育仍当以学校为主体。在教育资源比较丰富的地区,无论在校内还是校外,学生很容易参与科学活动,但在资源相对匮乏的偏远地区,学生离开学校就很难获得与科学相关的接触。因此,应由学校实行统一的教育,以保障学生拥有基本的科学素质。而教学的标准可以根据教育发达水平、地域特色等因地而异。

通识教育具有普遍性，但在科学研究中，往往是少部分人引领着科学的发展大潮。所以，科学教育也需要对未来可能做出重大科学发现的少数"奇才""怪才"进行个性化培养。把普遍性和个性化结合起来，才是完整的科学教育。

就个性化教育而言，中学阶段至关重要，已经储备了一定知识的中学生正是尝试用科学理解世界、对科学充满遐想的阶段。然而迫于学业压力，学校和学生都更倾向于将重心置于迎合考试的方方面面上，所以就会出现一些学生有很强的解题能力，但是几乎没有任何创造性，学生的创造力在传统的学科教育中受到一定程度的压制，常常只知科学其然而不知其所以然。

科学发现在很大程度上源于兴趣。越小的孩子思想越活跃，越能提出各种奇怪的问题，而随着课业的加重，中考、高考接踵而至，创造力和好奇心被抑制甚至可能荡然无存了。

任何科学发现都是特定背景下的个案，很难通过学习此前成功科学家的探索轨迹，提炼出一个能批量产出科学思维的模式。这就需要鼓励孩子发挥自己的个性，并针对特点进行培养，然而目前对学生个性化的发掘和培养依然欠缺。个性化科学教育的目标之一是能发现一些有天赋的孩子，助其保持初心，不被"题海"淹没，既而成才。

目前，国家已经开展了类似的尝试，包括高校招生中的强基计划，以及与之配合的英才计划。英才计划旨在从国家层面开辟便利条件，让学有余力的中学生可以在周末和假期到大学里，在导师的指导下对自己感兴趣的课题进行探索。目前，英才计划一共设置了数学、物理、化学、计算机、生物5个学科,虽然英才计划不需要以论文成果进行考核,但发掘了一些很有潜力的孩子,做出了非常出色的成果。

## | 科学家需要深度参与到科学信息的传播中 |

虽然学校是科学教育的主体,但向大众传输科学信息,提高其科学素养也是科学教育的一部分。而现在有些媒体,存在着大量具有误导性甚至错误的"科学信息",这些信息的传播污染了科学教育的源头之水。

如今,网络上的一些自媒体打着"科学""专家"的标签招摇撞骗,但就是这些缺乏科学依据的传闻,成为公众获取信息的主要渠道,而这些误导性的信息覆盖面广、传播迅速。

如同获取健康建议需要找医生一样,科学信息的源头应该是科学家或学者,而不能由媒体越俎代庖。当然,一些具备良好科学素质的作者可以写出优秀的科学内容,并且他们通常是通过采访和阅读文献来获取第一手的资料,更会在传播之前请科学家或学者审核。可惜的是,目前网络上传播的大部分科学信息并非如此,而经常是一些媒体为了获得流量而编造的,比如我们国家建设的"中国天眼",在网络上存在大量诸如《"中国天眼"望远镜接收到外星人警告信号?内容让科学家们很意外》《霍金再发忠告:天眼计划会招惹外星人或引来灾祸?》的文章,这些无一例外均是假消息,没有一个获得过科学家的认可。

当然,科学家在科学信息传播领域的失位,也有自身的原因。有些科学家不愿意抛头露面,甚至认为做科学传播是不务正业。但科学家有向大众解读科学的义务。科学研究固然重要,但将科学信息传递给公众以提高国民的科学素质也是科学家的义务。科研经费大多来自政府支持，这也是为什么近年来在科研经费的管理中，要求科学家必须参与科学普及，为提高全民科学素质做出力所能及的贡献。

媒体的过度解读和二次加工使得一些科学家不得不将媒体拒之门外。当然，科学家需要意识到科学传播的重要性，并积极参与其中；而媒体也要尊重科学的本质，追求科学的严谨性。科学家和媒体都有责任为公众提供权威、准确、及时的科学内容。

值得高兴的是一些科学家已成为优秀的科学传播者，他们将自己的科研成果以通俗易懂的形式呈现出来，成为科学真正的代言人。然而并非所有科学家都适合做科学传播，将艰涩的科研成果转换成通俗的白话确非人人具备的才能。这就意味着不是每位科学家都要直面公众做科普或科学教育，将成果撰写成文章或者用直观的图像呈现等都是提升公众科学素质的方式。

科学家作为个体积极参与科学传播，但政府和科研单位等权威机构无论在时效上还是数量上都未能满足公众了解科学知识的需求。相比于西方国家，我们在宣传上比较谦虚保守，不愿标榜自己，缺少向公众展示科学成果的意识。特别是在网站建设上有很大的欠缺，使得公众和科学教育工作者很难找到权威的科学信息。权威机构不积极占据展示科学内容的阵地，才使得以获取流量为目的伪科学在网络上如此盛行。

## |科学教育需要全社会的重视|

总体来说，尽管全社会都赞同科学的重要性，但仍然缺乏对科学教育的重视。目前，如果要在中学阶段加强科学教育，家长和学校都未必支持，因为这对提高分数没有直接的帮助。尽管学校开设了科学课，并配备了从事科学教育的教师,但在目前的应试教育中,科学课仍然处于边缘位置,科学教师也缺少热情。这是整个社会的问题,期待随着社会整体公平程度的发展,能够得到真正实质性的解决。

对科学家而言,科学教育还是一件新鲜事物,需要加大宣传力度。许多科学家对科学教育并没有准确的认识,往往狭义地将其理解为科学普及。由于国家提出让科技创新和科学普及两翼齐飞的号召,科学家已逐渐认识到科普的重要性,但对科学教育的重视程度还不够。从这个角度来说,科学家很需要接受关于"什么是科学教育"的科普,促使科学家更多地参与到科学教育中来,为提升全民科学素质,培养下一代科学家做出更大的贡献。